大事なとこだけ!

面接 エントリーシート

2026年度版

永岡書店

CONTENTS

3章 業界別質問回答集

付録 職種別回答ポイント

1章

最近の就活事情&面接の基本について

就職活動の基本スケジュールから、
エントリーシートの書き方など、就職活動を
スムーズに行うためのお役立ち情報をたっぷり紹介！
就職活動の基礎や傾向・対策を、
この章でしっかり理解しよう。

今年はどうなる？
最近の就職活動事情

“短期決戦再び”も水面下で多様化

新型コロナウイルス感染症による影響も緩和され、2021年度は採用活動が正常化し、再び短期決戦となった。22年度は中止されていたインターンシップの選考予約受付が再開されるなど、コロナ以前の就職活動状況へと戻りつつある。一方で、政府が要請している採用日程のルールが形骸化していることから、就職活動の早期化が進んでおり、23年4月の段階で内定をもらっていると答えた学生は48.4%と、前年度に比べ10.3%高くなっている。コロナ後に変わった企業の情報を早い段階で手に入れ積極的に就職活動に取り組む学生と、動き出しが遅く消極的に取り組む学生との差が開き、「二極化」がより鮮明になってきている。

採用スケジュールの変化を見逃すな！

厳選採用に負けない事前準備を

二極化が進んでいる要因の1つに、企業側の厳選採用も関係している。終身雇用が当たり前の時代には、入社してからジョブローテーションで自社色に育てていく方法だったのが、即戦力となる優秀な人材を求めだしたのである。採用コスト（労力と時間）と内定辞退者の抑制が求められ、特定の大学に狙いを定めて採用活動する「ターゲット採用」も定着している。そうした変化に応え、互いのミスマッチを避けるためにも情報収集のアンテナを張り、学生生活を充実させながら就活計画を立て、早期から業界研究、企業研究に着手したい。

早めに計画、早めに考え、早めに動こう！

売り手市場に陰りはあるものの…

近年は人手不足から就活生に有利だった売り手市場に陰りが見られ、学生の間に不安が広がった。それが安定志向を増幅させ、「大企業志向」を加速させる。現在はコロナ禍からの経済好転で企業の採用意欲は高まっているが、新型コロナウイルス感染症の影響は色濃く、採用する側・される側ともに手探りの状態だ。それでも完全な買い手市場に至らないのは構造的な問題があるため。少子高齢化＝労働人口の減少と、DX（デジタル・トランスフォーメーション）を担うデジタル人材の不足である。DXを推進していくのは理系学生とは限らない。企業は人数の確保優先を捨て、採用基準を明確化している。変化を生み出す意欲や新たな価値への共感を生むコミュニケーション力といった観点から、より就活生を精査しているのだ。

変革期に安定志向だけでは不十分！

オンライン化が就活戦線を変える

コロナ禍で、採用選考のオンライン化が加速している。ある調査結果によれば、新卒採用活動をする企業の9割がオンラインを活用し、最終面接まで済ませるところもあったという。オンライン化は就活生、企業ともにメリットが大きい。学生は移動に伴う時間と交通費を抑えられ、企業側はイベント使用などにかかる会場費が不要となる。コロナショックから丸3年を経て、企業側のノウハウは確立されてきた。学生をふるい落としていく従来の採用方式から、学生のプロフィール情報を閲覧して直接アプローチする。そんな方式へ移行する企業が大手でも散見された。その動向を注視すべきだ。

ふるい落とし式から学生一本釣りへ

「なんとなく大企業」はダメ！　将来どうなっているか…？

学生の大手企業・安定志向は景気の不透明感のせいばかりではなく、毎年のこと。親も勧めるし、ブランド企業の内定が取れれば就活仲間の間でも鼻が高い。でも、大手企業＝優良企業とは限らない。だいいち10年後、20年後も現在の姿のまま存在するだろうか。大手といえども今後は「終身雇用」が終わりを告げるかもしれない。内定、そして入社はゴールではなく、仕事人としてのキャリアのスタートと考えるべきだ。

自己分析を徹底し、自分の強み、やりたいことを明確にした上での大手志向ならかまわないけれども、有名企業の競争率の高さは驚異的ゆえに覚悟が必要だ。内定が1つも取れずに追い詰められ、就活そのものが負のスパイラルに陥ってしまう可能性もある。希望業種の中小企業にも目を向けてみよう。

自己分析を徹底して臨もう

選考段階ごとにチェックポイントは変わる

採用活動に面接はつきもの。一口に面接と言っても、選考段階によってチェックされるポイントが変わってくるので注意したい。

初期段階は、いわば顔合わせ。多くの学生を相手にするため、若手社員に任せる企業も少なくない。第一印象、自己PRと志望動機の整合性が問われる。中盤は中間管理職などが担当。ここでは志望動機の深さが探られる。単に対象企業の商品やサービスを「理解した」程度だと、通過はおぼつかないだろう。就活生側から、該当する商品などに対する感動や提案があってもいい。それだけ業界＆企業研究をした証にもなる。最終は役員面接。ここでは入社への強い意欲と熱意がやはり大事になる。企業はなんとしても内定辞退を避けたい、という意図があるのだ。

それぞれ事前対策を戦略的に立てる

インターンシップに参加する

インターンシップの最近の傾向は？

2025年卒の就職活動から条件を満たせば、インターンシップからの直結採用が可能になった。いままでも暗黙の了解としてインターンシップ参加者の優遇は行われていたが、実情に合わせてルールが変更された形だ。制度の変更によってインターンシップの重要性がさらに高まることが予想される。

メリットは？

仕事の現場を経験することで、会社説明会よりも、深く業界や企業を理解することができる。また、社会人として働くことをイメージしやすくなるため、仕事に対する意識が高まる。志望動機や自己PRを充実させることにもつながるため、積極的に受けよう。

会社が学生を選ぶ場合も

インターンシップには定員があるので、参加希望者は早めに情報収集をする必要がある。この辺の情報に対応できないようでは、この先の就職活動が思いやられる。また、インターンシップは必ずしも採用に直接つながるわけではないが、新卒採用の条件になっている企業もあるので要注意。

海外インターンシップもオンライン

グローバルな仕事を目指すなら、海外インターンシップも視野に入れよう。短期間が中心の日本でのインターンシップでは望めないような体験が待っている。語学学習や異文化理解はもちろん、国籍による働き方の違い、自分の意見をはっきりさせながらのチームワークづくりなど、実体験に基づくエピソードは面接でも有利に働くはずだ。オンライン型の海外インターンシップなど気軽に参加できるプログラムもあるため、就活を有利に進めるべく積極的に挑戦していきたい。

就職活動の基本スケジュール

長いようで短く、短いようで長い就職活動。
1年間のスケジュールをしっかり把握し、計画的に取り組もう。

STEP 1 自己分析・業界研究

自分の長所と短所は何か。自分が得意なことは何か。将来の夢は何か。己を知ることが、就職活動の第一歩だ。そして、どんな業種、職種、企業があるのかを調べることで、自分の進むべき道が見えてくるはず。この段階で志望動機や自己PRの軸が固まれば、その後の就職活動がぐんと楽になる。

就職ガイダンスに参加

就職活動の概要を教えてくれるので、どんな活動をすればいいのかわからない人は、必ず参加しよう。

インターンシップ

企業などに赴き、実際の仕事を体験する。ウェブサイトなどでは絶対にわからない先輩社員の仕事の“リアル”を垣間見ることも。

情報収集

業界研究はもちろん、新聞やネット、テレビなどで志望業界や時事の最新情報を欠かさずチェックする。

筆記試験の準備

就職活動の解禁後は説明会やエントリーシート（ES）の作成などで忙殺されるので、できれば早めに対策しておきたい。最低限、新聞は読むこと。

STEP 2 （プレ）エントリー・資料請求

就職サイトのオープン後、気になった企業があれば（プレ）エントリーして、資料を請求しよう。エントリー後は締切に追われるようになるので、早めに大まかなスケジュールは固めておきたい。

OB・OG訪問

先輩たちの話を聞くことで、資料では得られない業界や企業の情報が得られる。疑似面接やES・履歴書の添削などに協力してくれることも。

志望企業の採用スケジュール確認を

一般に外資系やベンチャー系企業は選考開始時期・内々定出し、ともに早いと言われるが、その企業の事情によりスケジュールはまちまちだ。採用人数が少ないほうが早期決着、逆に多ければ選考期間は長くなりがち。また中小企業は大手企業の結果を待ってからが多い。情報収集を怠りなく。

STEP 3 会社説明会への参加

いくら熱心に質問しても、採用に直接つながるわけではないが、不明なことや疑問があればどんどん質問していこう。

エントリーシートの提出

ESは膨大な志望者を絞り込むのが目的だ。採用担当者に「会ってみたい」と思われるように、ここでしっかりアピールしよう。

STEP 4 採用試験

ESが通ったら、いよいよ採用試験の本戦へと突入する。面接回数は企業により異なるが、いままでの準備の成果を発揮し、自分らしさをアピールしたい。

筆記試験

一般常識や時事問題などのほか、SPI（適性検査）も行われる。

面接試験

回数は2～8回。個人面接、グループ面接など種類もさまざまだ。

STEP 5 内定

数度の面接を経て、ついに内定をゲット！　しかし本採用ではないので、行動にはくれぐれも注意を。

STEP 6 採用

社会人としての新しい生活が始まる！　今度は後輩たちの就活を助ける番だ。

企業側から見た就職＝採用活動の流れ

企業にとっても就職＝採用活動は重要な業務の1つだ。求める人材を採用できるか否かが、企業の将来を握っている。学生以上に真剣な態度で選考に臨んでいることを、就活生も理解しておこう。

【企業側の採用スケジュール】

求める人材の決定	広報活動	会社説明会の実施	採用試験の実施	内定・採用
採用基準を明確化し、配属の部署と人数を想定する。	採用の告知だけでなく、自社アピールの場でもある。	会場の設営・準備に始まり、採用まで超多忙の日が続く。	採用担当者も多くの就活生を見極めるのは大変なことだ。	内定者の辞退は人事にとって非常に頭が痛い話だとか。

エントリーシートとは

採用における最初の関門

履歴書をはじめ企業に提出する応募書類の1つだが、エントリーシート（ES）で落とされたら、その後の筆記試験や面接などに進むことはできない。そう、ESこそが就活の第一関門なのである。履歴書と重複する箇所もあるが、自己PRや志望動機といった質問のほか、企業が選考で参考にすべく独自の設問を用意することもある。

書類選考を突破しなければ次の段階へ進めず

エントリーシートの重要性

ESはかなりの文字量になるので、1枚書くのにも数時間かかることがある。したがって、あまりたくさんの企業を受けると、ES作成に追われて面接対策が疎かになってしまい、次のラウンドで沈没ということになりかねないので、応募のしすぎには注意が必要。また、ESは面接時の参考資料にもなる。そこに書かれた内容は、その後の面接でも大いに役立つので、なるべく面接で聞かれそうなことを書いておくとよいだろう。さらなる面接対策として、控えのコピーをとっておくことも忘れずに。

エントリーシートの評価ポイント

“読ませる”心遣い＆テクニック	タイトルや小見出しをつけたり、適度に改行するなどして、読みやすさを心がけよう。オーバーな表現は必要ないが、思わず頬が緩むようなユーモア精神は意外と高評価。
記述内容に具体性・客観性がある	自己PRや志望動機は、なるべく具体性を持ったエピソードを織り込むと説得力が増す。抽象的な一般論に終始したり、独りよがりな意見は敬遠されがちなので要注意。
熱意が感じられる	ESの中に熱意が盛り込まれているかどうかも評価のポイントになる。熱意の伝え方を意識して書くこと。空欄は熱意がないと見なされかねないので注意しよう。

書き方のポイント

ESに記入する際、最低限守りたい、もしくは気をつけたいポイントがある。文章作成の段階でライバルに差をつけるため、ぜひコツを押さえておこう。

❶ 黒のボールペンを使用、文字は読みやすい大きさではっきり

一般的にはボールペンで、自信があれば万年筆も可。色を使い分けてもかまわないが、基本は黒でまとめる。

パソコン（PC）で書くよりも手書きでつくったほうが断然、印象はよい。文字の大きさは読みやすさを重視して、大きすぎず小さすぎない程度。丸文字などクセの強い文字は気をつけて。

❷ 文末は統一しつつも変化を持たせて

一般的に「です・ます」調と「だ・である」調とが混在するのは、好ましくないと言われている。それ以外にも、文末に過去形が続いたり同じ動詞を何度も使うのは、文章が単調になるので工夫を。

❸ タイトルや小見出しでメリハリを

わかりやすさや読みやすさを重視して、レイアウトやデザインにも工夫が必要だ。この作業はPCなら簡単にできるが、手書きの場合は書き始める前に一度試し書きを。

こうしたレイアウトのセンスは、社会人になってからもプレゼン資料づくりなどで求められるはず。プレ業務の気持ちで臨もう。

❹ 改行や箇条書きを駆使して読みやすく

改行なしの文章がダラダラ続くと、読み手が疲れてしまう。適度なタイミングで改行しよう。また「対応」「課題」といった小見出しをつけたり、ポイントを複数挙げるときは箇条書きにするなど読みやすさを意識して。

❺ オウム返しの表現は避ける

面倒くさがり屋がしがちなのが、オウム返しの書き出しだ。「あなたが学生生活において力を注いだことは……」という質問に対して、「私が学生生活で力を注いだのは……」と書き始めるのは避けたい。オウム返しで文字数を稼ぐという考えは捨てて、読み手になった気持ちで書こう。

❻ ワンセンテンスを短く

一文が長いと、読みにくさが増してしまう。できるだけ詳しく書きたい気持ちはわかるが、ワンセンテンスはせめて20～30字くらいで止めておこう。

❼ 結論は最初に述べる

最初に結論を述べること。これは面接でも同様だ。ダラダラと述べた後に、「……というわけで、私はこういう人間です」と言われても、何が言いたかったのかは伝わりにくい。

❽ 余白はなるべく少なく

項目はすべて埋めるのが基本だが、ぎっしり文字で埋められているのもあまり読みやすいとは言えない。逆に、すき間だらけなのも、熱意の乏しい印象に通じる。バランスが必要だ。

❾ 誤字脱字がないかをチェック

内容がいくら優秀でも、誤字脱字だらけでは台無しになる。同音異義語などの用字用語には気をつけたい。傍らに辞書を置き、迷ったらすぐに引くこと。書き終えたら再度、目を通す推敲が大切だ。また、第三者にチェックしてもらうと、気づかなかった間違いが見つかることも。

❿ 字が下手でも丁寧に書いて、書き間違えたら書き直す

たとえ字が下手でも卑屈になったり、諦めるのは早い。1字1字丁寧に、とめ・はね・はらいをしっかり意識すれば、真摯な姿勢が伝わるはず。自分の筆圧や文字の大きさを考えて、筆記具も使いやすいものを。書き間違えたらなるべく修正液は使わずに、最初から書き直すのがベター。失敗したくなければ、事前に下書きして慣れておくのも1つの方法だ。

WEBエントリーシートで差をつける方法

文字数やフォーマットが決まっていることも多く、紙のエントリーシート（ES）とは異なる工夫が必要だ。採用担当者が膨大な数のESを読むのは紙もWEBも一緒だから、読みやすさの追求が基本。文字数制限があったり、改行できない場合もあり、より簡潔な表現を心がけよう。

書き方ポイント

- タイトルをつける
- 小見出しには【 】などを使ってメリハリを
- 改行できない場合は「■」「／」などで対応
- 複数ポイントは箇条書きで
- 同音異義語など誤字脱字をチェック

メリットと注意点

紙と違って、WEBでの提出には到着までのタイムラグを考慮しなくて済むというメリットがある。一方、停電など回線の断絶や操作上のミスなどによって、記入内容が消滅してしまうリスクがある。

エントリーシート項目別ポイント

**面接でも必ず聞かれる項目について、
ESではどのように書けばいいのか、そのポイントを紹介する。**

❶ 志望動機

選んだ理由に「自分」を絡める

志望動機は選考段階の最初から最後まで聞かれる重要項目。通り一遍の答えではなく、採用担当者の気持ちを引きつけるオリジナリティが欲しい。単に企業研究を深めるだけでは不十分で、自分の専攻や性格などを絡め「入社したなら、どんな活躍ができるか」まで詰めておこう。

“お客様”目線の志望動機は弱い

「店のセンスがいい」「サービスがいい」といった一般的で、“お客様”目線の志望動機は志望動機と言えず、単なる感想にすぎない。「お客様目線」からの脱却が質の高いESをつくるスタートラインだ。

志望動機はオリジナルなものを

同業他社でも通用するような、ありふれた志望動機だと、「これならほかの会社でもいいのでは？」とあしらわれてしまう可能性がある。志望動機は1社ごとに変え、具体的なエピソードを交えて採用担当者の興味を引こう。

ストーリー仕立てで志望理由を明確にする

最初に結論を述べたあと、その背骨となった自身の具体的なエピソードを続けて展開。その企業を志望するに至った経緯を説明していけば説得力も増す。さらに、「貴社に貢献したい」と結んで好印象を残す。

会社案内やWEBからの引用はほどほどに

各企業の就職情報には、何かしらの「求める人材像」が記されている。それを就活生がそのまま流用したら、おそらく採用担当者は呆れるだろう。引用は一部分にとどめておくべき。コピー&ペーストも論外だ。

誇張した志望動機は控える

いくら内定が欲しいからといって、「貴社以外は志望しておりません」という志望表明は嘘っぽい。「視野が狭い」と見なされる可能性もある。他社を志望していても、自分に最も合っていることを強調しよう。

❷ 自己PR

“自分”を商品に見立てて営業

自己分析では自分の長所と短所が浮き彫りになるが、大事なのはそれをどうやって相手＝企業に売り込むかだ。就活は“自分”という商品を売り込むこと＝営業なので、“自分”という商品にはどんな特徴があり、購入＝入社したらどんなメリットがあるかを説く感覚でPRしていこう。筋道を立てると伝わりやすい。

まずは自分の長所と短所をまとめる

社会人に求められる資質には積極性や自主性、協調性、責任感、粘り強さなどがある。その中から、自分の長所と適合しそうなものを選び、自身のエピソードにつなげる。

短所を克服してプラスにアピール

短所をわざわざアピールする必要はないが、面接で聞かれたら、「短所を克服するためにこんなことをした」など、あくまでもプラスに向かうような展開にする。

❸ 学生生活で力を注いだこと（いわゆるガクチカ）

結果よりもプロセスが大事

該当するのはゼミやサークル、アルバイト、ボランティア、地域行事などでの活動だろうか。特別なことをしていなくともがっかりする必要はない。ここで大事なのは「どんな結果を出したか」ではなく、「どんな目的や意思を持ち、どのように行動したか」だ。そこでの気づきも加えるとよい。行動のプロセスや頑張った思いを具体的に書き、その結果「どう成長したか」をアピールしよう。

将来の姿を採用担当者に想起させる

この項目では、「組織の状況と自分が目指したこと」「大変だったこと&その克服法」を具体的に記述し、採用担当者が「将来はこんな感じで仕事をするのだろう」とイメージできるのが望ましい。

余裕があれば「今後の課題」も入れておく

空きスペースがあれば、「学生時代に打ち込んだこと」に対して今後、仕事にどう活かしていくかという課題に触れてもよい。理想や目標を掲げ、常に上を目指す姿や改善の意欲をアピールするのも大事なことだ。

❹ 自分自身に関する事柄

印象に残るにはユニークさで勝負

趣味や特技を紹介することで、自分がどんな人間であるかをより具体的にアピールできる。「弁論大会1位」といった比較的よく耳にするものよりも、「全国穴掘り大会13位」などのユニークなもののほうが採用担当者の印象に残りやすい場合もある。真面目なものとユニークなものを上手く織り交ぜて、自分をアピールしてみよう。

趣　味

「映画鑑賞」「読書」など趣味が凡庸な場合は、自分が影響を受けた作品を挙げ、その作品に触れたことで自分がどう成長したのかを記すといい。

特　技

趣味の中でも長年続けていて、「これだけはほかの人に負けない」と胸を張れるものは他の趣味と一線を画し、「特技」の欄に入れてかまわない。

❺ その他の項目

企業独自の質問にどう答えるか？

エントリーシート（ES）には定番の質問以外に「好きな家電は？」など、企業独自の質問がいくつも見られる。どんな質問に対しても、自分で考えた志望動機や自己PRと結びつけられるような答えを用意しよう。採用担当者はさまざまな質問から就活生の人間性や価値観を見極めている。

最近、気になるニュースは？

時事問題や社会の話題についてどれだけ関心があり、アンテナを張っているかを問われている。ベタすぎるのも奇をてらいすぎるのもよくないが、ニュースを見て一番気になったことを率直に書くのが王道だ。

いままでで一番感動したことは？

採用担当者が知りたいのは、感動した理由である。人と違った感性を示せば着眼点の違いをアピールできるが、奇抜すぎるコメントはやはりNG。

あなたの好きな言葉は？

採用担当者は、単に「好きな言葉」を聞きたいわけではない。その言葉からどんな影響を受け、現在にどう活かされているかを知りたがっている。

就職活動の面接とは

書類選考を経てより優秀な人材を

就活生は履歴書やエントリーシート（ES）を提出して書類選考を受け、いよいよ面接に臨む。当然ながら書類だけで就活生のすべてを知ることはできない。企業は、より深い部分で能力や人柄を見極め、優秀な人材を採用するために面接を行う。そして面接での評価が、採用を左右すると言っても過言ではない。

一方、就活生にしてもESに書いた以上のことをアピールし、その企業でいかに役立つかを示せる、絶好の機会になる。しかし、実は学生にとっても、将来にわたって働きたいと思える企業かどうかを判断する場でもあることを知っておきたい。就活生も企業も、ミスマッチは避けたいところだ。企業のWEBサイトや会社説明会では見えなかった、自分との相性の良し悪しを改めて確認しよう。

双方ともにミスマッチは避けよう

面接の流れ

面接は何度か段階を踏んで行うのが一般的だ。1次・2次面接あたりは人事担当や部課長クラスが面接官を務めるが、最後は役員クラスが登場する。独特の空気にのまれないよう注意したい。

1次面接

面接官：人事担当、若手社員など

ESや履歴書などの情報をベースに、学生生活や社会人としての常識、あるいは適応能力などを見る。面接形式は個人もあれば集団もあるなど、企業によって異なる。

2次面接

面接官：部長、課長クラス

部課長クラスの管理職が面接官となり、主に個人面接が行われる。学生個人の資質や会社への適性など、1次面接よりも掘り下げた質問をされるのが特徴だ。

最終面接

面接官：役員、社長など

採用を決定する最後の関門には、役員クラスが登場する。場合によっては社長自ら学生の資質を見極めることもある。

自己分析を深めて軸を定める

面接で、どの企業でも必ず聞かれるのが「志望動機」と「自己PR」だ。この2つに対する答えがしっかり構築できていれば、面接の攻略法はほぼ手にしたと言えるだろう。そのカギを握るのが自己分析である。就活本や就活サイトにもよく書いてあるけれど、実際に自己分析をするとき、どんなことに注意すればいいのだろうか。

1つには、回答例に自分を合わせるのではなく、回答例を参考に自分と向き合い、オリジナルの回答をつくっていくアプローチ。そうすれば、「自分を動物にたとえると？」といった変化球の質問を投げられても、落ち着いて答えられるはず。

つまり、自己分析の深掘りに裏打ちされた志望動機や自己PRは、応用が利くということ。自己分析の軸が固まっていれば、どんな質問に対してもスムーズに答えられる。

自己分析を深掘りした志望動機と自己PRを

面接の種類と対策

面接にはいくつもの種類がある

面接と言えば、学生1人に対して面接官1～3人という図を思い浮かべるだろうが、以下のようにさまざまな形式がある。また、1回の面接で採用が決まることはほとんどあり得ない。それぞれ特徴があり、面接を重ねることで求められることも変わってくるので攻略ポイントをしっかり押さえておきたい。注目すべきは、グループディスカッションや集団面接。企業にすれば学生が集団の中でどう振る舞うか、客観的な視点や協調性の有無などがチェックできる。また、書類選考で述べた志望動機や自己PRとの一貫性も重要だ。

それぞれの特徴と狙いを押さえて

集団面接

形式…学生3～5人に対して面接官が2～3人
時間…30分～1時間

エントリーシート通過後、またはグループディスカッション通過後に行われることが多い。目的は、適性がない、あるいは自社とマッチしない学生をさらにふるい落とすため。アピールできる時間が短いので、面接官の印象に残る話を簡潔にまとめて伝えるのが攻略ポイントだ。

対策1

簡潔で印象的な自己PRを

時間が限られているので、1分間程度を目途に話をまとめる。話が長いのは「協調性に難あり」として、マイナス評価になる可能性が高い。注意しよう。

対策2

チーム戦と考える

他学生たちをライバル視せずに1つのチームと捉え、他者の話にも耳を傾けながら、それを踏まえた発言をすることで面接官に好印象を与えられる。

個人面接

形式…学生1人に対して面接官が2 ～ 3人
時間…10 ～ 30分

集団面接に比べると1人当たりの話せる時間は多い。その分、突っ込んだ質問をされるだろう。志望動機と自己PRは必ず聞かれるので、事前に軸を固めておき、予想外の質問をされてもたじろがないように、リラックスして堂々と面接に臨もう。

対策 1

面接官との“会話”を楽しむ

事前に志望動機と自己PRを固めるのは重要だが、それを丸暗記したように答えるのはマイナスになる。面接官と会話をするように少し間を設けたり、相槌や軽い身振り手振りなどを交えて、自分をアピールしていくことが大切だ。

対策 2

リラックスしすぎに注意

緊張せず、リラックスして面接に臨めるに越したことはないが、だからと言って、リラックスしすぎて言葉遣いや態度が乱れてしまっては元も子もない。最後まで気を抜かずに臨もう。

役員面接

形式…学生1人に対して面接官が1 ～ 10人
時間…10 ～ 20分

かつては入社の意思確認の場とされてきたが、最近はそうとも言い切れない。人間性を問われたり、会社・業界の将来ビジョンなどを尋ねられたりする。具体的な入社後のプランを聞かれることもある。ずらりと居並ぶ役員たちに気圧されないよう、自信を持って面接に挑もう。

対策 1

役員には小手先の対策は通じない！

人生経験豊富な役員たちはこれまで多くの学生を見ており、どんなタイプかある程度お見通しだ。所作振る舞いには最大限に気をつけ、途中で気を抜かないように。

対策 2

一貫性のある回答を心がけよう

志望動機や自己PRなど、これまでの面接で話してきたことについても、あらためて質問されることがあるだろう。内容にぶれがないようにするとともに、回答の質を高めておき、入社したいという熱意を最大限にアピールしよう。

グループディスカッションについて

協調性と積極性の両面が採点される

グループディスカッションは、あるテーマについて複数の学生同士が話し合い、共通の見解を導き出す過程を面接官が採点するというもの。たいていの企業ではチームで仕事をしていく。リーダーシップや協調性など、現場で必要な能力を見極めるために行うのだ。

大事なことは、話し合いの際にグループ内の誰かを打ち負かさないこと。議論を競うディベートと違い、共通の見解に到達するべく話し合うのだから、必要以上に自説に固執するのは避ける。逆に、何も意見を出さず、時が過ぎるのを待つのは、明らかにマイナスだ。

また、他の人が意見を述べるときは耳を傾け、その意見を踏まえた上で自分の意見を提示する。最初に出した意見はなるべく貫いたほうがよいが、他者の意見を聞いて心から納得した場合は別である。理由とともに、意見を変える旨を伝えよう。

話すだけでなく聞くことも大事

最新事情

新型コロナウイルスの流行以降、グループディスカッションをオンラインで開催する企業が増えた。しかし、現在は落ち着いてきたことから、2024年度は対面での開催を再開する企業がさらに増えることが予想できる。志望する企業の情報収集を日頃から徹底的に行い、オンラインでも対面でも、対策を立てることが大切だ。

ディスカッションにおける役割

グループディスカッションでは、参加者それぞれに役割が割り振られる場合がある。役割の意義を理解し、どんな役が回ってきてもこなせるようにしたい。

司会

目立つポジションだけに一見有利と思われがちだが、さほど優位ではない。むしろ失敗したときのダメージのほうが大きいので、議論を過熱させず、建設的な話し合いが行われるように導こう。

書記

出席者の意見をメモする地味な役回りだが、議論の内容を最も把握できるのが書記なので、議論がずれてきたときは積極的に軌道修正していく。最後に結論を発表するのも書記の役目だ。

タイムキーパー

議論の時間を管理する仕事。「あと何分」とアナウンスするだけでなく、「あと何分なので、具体的な結論を出していきましょう。私が思うには……」と切り出し、存在感を示そう。

パネラー

意見を述べる人。自分の意見を披露しつつ、その意見に固執しすぎないように気をつける。特別な役割がないだけに、議論でいかに存在感を出せるかがポイントとなる。

テーマ設定の本音は……

グループディスカッションは、優れた結論を導き出すのが最終目的ではない。共通の見解にたどり着けば、そこでゴールとなる。そのため企業側は「正解のない課題」を出すことが多い。結論がどうこうというのは関係なく、「経過」が審査されているということをしっかり認識しておきたい。

よく出てくるテーマ

- 鉛筆を3万円で売るには？
- 持続可能な企業の条件とは？
- AIの進化で私たちの生活はどう変わるか？
- 週休3日制のメリットやデメリットについて
- 残業時間を減らすための方法は？
- 愛とお金、どちらが大事？

攻略ポイント

❶ 自己PRは忘れない

ディスカッションに熱中するのも大事だが、選考はあくまでも「自分はこういう人間である」ことを面接官にアピールする場だ。結論を導き出すのに躍起になり、強引に議論を動かそうとするのはかえってマイナスに。選考基準を読み違えないこと。

❷ 意見を出すのは最低条件

どんな役割が与えられていても、議論に参加しないのは選考を辞退するのと同じ。きちんと自分の意見を述べることを忘れずに。どんなテーマが出てきてもいいように、日頃から業界や時事に関するニュースには目を通しておこう。

❸ 仲間意識を持つ

事前に控室などで簡単に自己紹介をしておき、ディスカッションの前にある程度打ち解けておいたほうがいい。人見知りの人にとっては試練だが、ここは勝負どころなので自分から笑顔で場の空気を和ませよう。

❹ ルールは必ず守る

「議論が白熱して結論が出ませんでした」というのは論外で、全員落とされてしまう可能性が高いので注意を。また、多数決で決めるのも面接官の心象を悪くするので、なるべく意見形成を試みるのが賢明だ。

受かる人・落ちる人はこんなタイプ

【 受かる人 】

- 協調性があり、ルールが守れる
- コミュニケーション能力がある
- 他人の意見に耳を傾けられる
- 意見をタイミングよく出せる

【 落ちる人 】

- “唯我独尊”で、強引に議論を動かそうとする
- 自分の意見以外は受けつけない
- 議論に対して消極的

プレゼンテーション面接のルール

事前に与えられた課題を制限時間内に発表するのがプレゼンテーション面接だ。自由に資料を用意して話ができるのだから、存分に自己PRしたい。ただし意見に軸がなければ逆に突っ込まれ、悲惨な目にあうことも。

【 受かる人 】

- テーマについて適切な意見が述べられている
- 資料に工夫があり、上手くまとめられている
- 切り口がユニークで検証もできている

【 落ちる人 】

- 話している内容がイマイチ伝わりにくい
- プレゼンに創意工夫が感じられない

オンライン面接の注意点

実際に会うときよりも細かい気遣いを

オンラインは「画面越しのコミュニケーション」。当然、実際に会うよりお互いに獲得できる情報量は少なくなる。よく聞く問題点は、細かなニュアンスが伝わりにくいこと。画面に映る自分の姿と声（デジタルのため普段と印象が変わる。事前に自分の姿と声を確認しておいたほうがいい）がすべてになるので、自分の魅力や企業研究の成果が十分に伝わるよう、面接に集中できるための事前の準備と、本番中のマナーや心構えが重要になる。

話す内容は対面の面接と変わらないので、最初は戸惑いがあっても自宅など身近な場所で面接できる分、慣れるにしたがってリラックスして臨めるはずだ。もしも回線が途中で切れる、画面がフリーズする、音声に不具合が起きるなど、オンライン特有のトラブルが起きても慌てないこと。面接官もオンライン面接の不具合は承知の上なので、落ち着いて手順を踏んで再起動する、あるいは日程を変えてもらうなどの適切な判断と対処法で、ピンチもチャンスに変えていこう。

事前に準備しておこう

- □ ネット回線、使用するデバイス、マイクの調子を点検
- □ 面接ツールの起動を再確認、できれば友人などと予行演習を
- □ 面接中に音が鳴らないよう、ソフトやアプリの設定にも、細心の注意を
- □ 照明を調整し、カメラに映り込む背景をセッティングする
- □ 鏡に向かって、身だしなみを整える

本番中に気をつける点

- □ 落ち着いて「ゆっくり」「はっきり」話すことを心がける
- □ 相槌は、言葉ではなくうなずきと多少の身振り手振りで
- □ 目線は画面ではなくカメラに向ける（練習しておくこと）
- □ 相手の言葉に重ならないよう発言のタイミングを見計らう
- □ 面接官の音声が途切れたり内容を聞き逃したりしたら、正直に申告する

面接で困ったときは……

面接ではさまざまなトラブルが起きる。いざというときに慌てないため、あらかじめトラブルの対処法を学んでおこう。

面接日時を変更、または取りやめたい

❶ 寝坊してしまい、間に合わない
➡起きたらすぐに電話連絡を

諦めてはいけない。別の日を設定してもらえたり、順番を入れ替えてくれる可能性がある。迅速に対応しよう。

❷ 面接日時が重なった
➡事情を説明して日程調整する

会社側もそうした事情は理解している。よほどのことがなければ便宜を図ってもらえるはず。勇気を出して日程調整のお願いを。

❸ 面接をキャンセルしたい ➡ なるべく早めに電話連絡する

身内の不幸や自身の急病、あるいは志望順位の高い会社から内定が出るなどのやむを得ない状況の場合、会社に連絡し、正直に事情を説明してキャンセルを。連絡なしにすっぽかすことだけは避けよう。

面接会場に遅れそう

❹ 交通機関が遅れている
➡遅刻しそうな時点ですぐに電話連絡する

連絡すれば面接時間を変更してもらえる可能性は高い。出発前にアプリやWEBサイトで遅延情報をチェックしよう。状況をできるだけ的確に把握し、適宜先方に連絡を入れること。変更後の面接ではお詫びとお礼の言葉を述べるのを忘れずに。

❺ 会場を間違えた
➡すぐに問い合わせを

事前に確認したはずなのに勘違いということもある。会社に連絡をして正しい場所を聞こう。時間に余裕があれば間に合うことも。

❻ 道に迷った
➡人に尋ねたり、会社に問い合わせて確認

地図を用意していても方向音痴な人は迷いがち。周辺の人に聞くなり、早めに会社に連絡して場所を確認しよう。そのためにも余裕を持って行動する必要がある。

面接中にトラブルが起きたら

❼ 着信音が鳴った
➡すぐに切って謝る

電源を切らずに面接に臨むのはマナー違反だ。もしも着信音が鳴ってしまったら、すぐに切って丁寧に謝ろう。また、マナーモードも意外と響くので必ず電源オフに。

❽ 急にトイレへ行きたくなった
➡許可を得てトイレへ

会場へ入る前に済ませておくのが基本だが、生理現象なので我慢できなくなることもあり得る。「失礼します」と断りの言葉を入れ、速やかに済ませよう。

❾ 汗が止まらない
➡ハンカチ・タオルを忘れずに持参

汗が止まらないときは、正直に「拭いてもいいですか?」と聞いて汗をぬぐおう。そのためにも必ずポケットには、清潔なハンカチを入れておくこと。

❿ 頭が真っ白に
➡大きく息を吐いてから吸い込む

「緊張したら深呼吸」は順番を考えて。リラックスするには、大きく息をゆっくり吐き出してから吸い込むのが効果的。控え室で何回か試みて、落ち着こう。

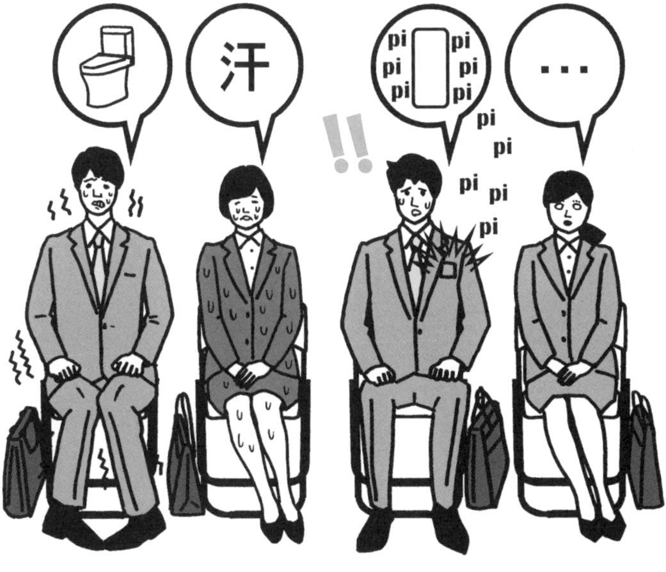

面接前に
気をつけるポイント

就活の日々をどう送るか？

就活を始める前は授業やゼミの時間までに起きればよく、不規則な生活を送っていた学生も少なくないだろう。しかし社会人になれば、規則正しい生活を強いられる。だからこそ就活段階から生活リズムを整えたい。

生活リズムを整えることからスタート！

面接日前夜（本番までの行動が勝敗を分ける！）

明日の持ち物をしっかり確認

面接の前日は提出すべき書類や持参を求められているもの、その他自分で必要だと思うものが揃っているかどうかを確認する。当日、「書類はどこ？」と騒いでいるようでは、面接にも影響が出てしまう。前夜のうちに準備しておくこと。また、必須質問の志望動機や自己PRを前夜になって考え直しても、既にエントリーシート（ES）は提出しており、ジタバタするのはよくない。何を話すかを確認する程度にとどめ、リラックスして就寝しよう。

面接前日のチェックリスト

- □ 必要提出書類（卒業見込み証明書、成績証明書、健康診断書など）
- □ 印鑑・朱肉
- □ ESのコピー
- □ 会社のWEBサイトをプリントアウトしたもの
- □ 会社or面接会場の連絡先、地図
- □ 財布（現金）、交通系ICカードなど
- □ 手帳、筆記用具
- □ スマートフォンor携帯電話、時計
- □ 折りたたみ傘
- □ タオル、ハンカチ、ティッシュ
- □ 身だしなみ用品
  （ヘアブラシ、エチケットブラシ、簡易靴磨きなど）
- □ メイク&ボディケア、ヘアケア用品

前日までに済ませておきたいポイント

〈会場の下調べ〉
交通アクセスや所要時間、また会場までの道を確認しておく。

〈受ける企業の最終チェック〉
WEBサイトをはじめ企業の情報を最終チェックする。

〈スーツとシャツの確認〉
シャツにアイロンをかけ、スーツのシワが目立つ場合は蒸気を当て、一晩ハンガーにかけて吊るしておく。

面接当日の朝

余裕を持って身だしなみをチェック

人間の頭は完全に目覚めるまで3時間かかると言われている。面接が午前中にある場合は、特に早起きして備えたい。洗顔や身支度を整え、食事はしっかり摂る。ここでアタフタしていると、その後の面接にも響くので気をつけたい。外に出るとなかなか声を出せないから、発声練習もしておこう。

出発までに済ませておきたいポイント

〈カバンの中身を最終確認〉
前夜に確認した持ち物に抜けがないか、いま一度チェックしよう。

〈直前ニュースのチェック〉
面接で何を聞かれてもいいように、当日の朝は必ず新聞などでニュースに目を通しておく。

出発〜会社・面接会場へ到着

早めに到着するように出発

電車が遅れたときに備え、あらかじめ別ルートも調べておこう。早めに着いたときは会社・会場付近で待機する。時間ギリギリで動くのは精神的にもよくないので、会社・会場までの道のりは余裕を持っておきたい。指定時間の10分前に到着するのがベストだ。

会社・会場で気をつけたいポイント

〈会社・会場に入る前にコートを脱ぐ〉
コート着用時は、会社・会場に入る前に脱いでおくのがマナーだ。そして入ったときから面接は始まる。

〈受付ではハキハキと挨拶〉
受付の人も面接官と心得て挨拶しよう。元気がよすぎるのは逆効果なので注意を。

いよいよ面接本番！

面接中のマナー

マナーを心得て熱意を伝える

いくらエントリーシート（ES）や筆記試験の成績がよくても、面接での態度が悪ければ大きな減点だ。また、面接での受け答えが上手くできても、社会人として立ち居振る舞いに失礼があれば、やはりマイナス評価に。日頃の努力を実らせるためにも、準備して面接に臨もう。

立ち居振る舞いで損をしない!!

面接官はココを見ている

面接官の視点で攻略ポイントとNG行為を紹介。採用担当者は意外に細かいところまで見ている。油断しないこと。

態度

挨拶やお辞儀、面接中の態度などは、かなり細かくチェックしている。緊張しているからといって、オドオド・キョロキョロは禁物。やたら頭や顔をかいたり、貧乏ゆすりをしたりといった行為も見苦しい。アイコンタクトを欠いたお辞儀と同様、面接中に面接官から視線をそらすのはコミュニケーション力に疑問符がつく。

姿勢

猫背は要注意。自信がなさそうに見える。歩くときも座るときも、頭を起こしてアゴを引き、肩の力を抜きつつ背筋をシャキッと伸ばすことを心がける。堂々とした姿勢は好ましいが、イスに座ったときのガニ股や、足や腕を組むことは避けたい。緊張のあまり、手と足が一緒に出ないように注意を。

言葉遣い&話し方

面接が始まってしばらくの間は練習した通りに敬語も使えるが、時間が経つにつれてボロが出る学生も少なくない。ときに面接官はフランクに話しかけて、学生の“素”を引き出そうとすることもあるので注意したい。またボソボソ小声でしゃべる、語尾がゴニョゴニョ、早口などはNG。落ち着いたトーンでハキハキ答えよう。

入室の動作

ドアをノックして開ける ➡ 挨拶をする ➡ 席に着く

・名前を呼ばれたら返事をして2回ノックする。
・「どうぞ」と言われたら「失礼します」と返して開ける。
・一礼した後に大学名・学部名、フルネームを名乗り、再び一礼を。
・「お座りください」と促されてからイスに座る。

お辞儀の仕方

腰から上体を折る感じで頭を下げる

・お辞儀の前に面接官としっかり目を合わせる。
・背筋は曲げずに腰から上体を折る感覚で。
・首だけちょこんと下に傾けるのはNG。

イスの座り方

背もたれには寄りかからない

・3分の2程度に浅く腰かける。
・男子は足を肩幅程度に開いて、両手はそれぞれ両膝の上に握りこぶしを作らずに置く。
・女子は膝を閉じて足を揃え、手は重ねて膝の上に置く。

退室の仕方

着席のままお礼を述べる ➡ドアの前で再びお辞儀を

・「これで終わります」と言われたら、着席したままお礼を述べる。
・イスを引いてイスの左側に立ち、「失礼します」と丁寧にお辞儀を。
・ドアの前で、再び面接官に向かってお辞儀をする。

➡ 本書実例ページの使い方

次ページから始まる基本質問回答集は、各質問からあなた独自の回答に落とし込めるように、項目を分けてわかりやすく構成している。

【　質問を面接官の視点から解説！　】

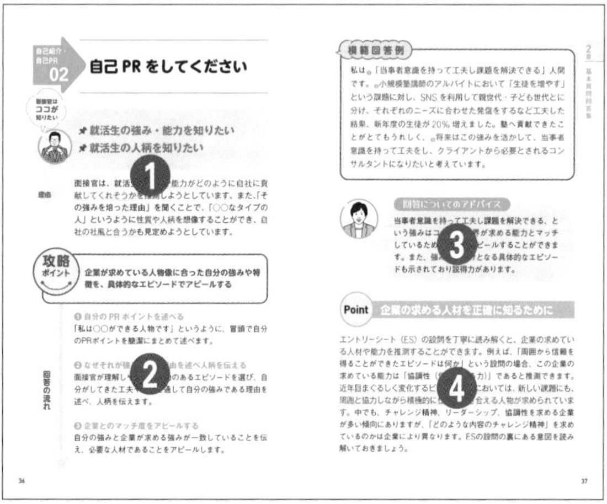

自己紹介・自己PR 02

自己PRをしてください

面接官はココが知りたい

就活生の強み・能力を知りたい
就活生の人柄を知りたい

1

理由

面接官は、就活 能力がどのように自社に貢献してくれそうかを しようとしています。また、「その強みを培った理由」を聞くことで、「○○なタイプの人」というように性質や人柄を想像することができ、自社の社風と合うかも見定めようとしています。

攻略ポイント

企業が求めている人物像に合った自分の強みや特徴を、具体的なエピソードでアピールする

回答の流れ

❶ 自分のPRポイントを述べる
「私は○○ができる人物です」というように、冒頭で自分のPRポイントを簡潔にまとめて述べます。

2

❷ なぜそれが強 由を述べ人柄を伝える
面接官が理解し のあるエピソードを選び、自分がしてきた工夫 通して自分の強みである理由を述べ、人柄を伝えます。

❸ 企業とのマッチ度をアピールする
自分の強みと企業が求める強みが一致していることを伝え、必要な人材であることをアピールします。

36

模範回答例

私は❶「当事者意識を持って工夫し課題を解決できる」人間です。❷小規模塾講師のアルバイトにおいて「生徒を増やす」という課題に対し、SNSを利用して親世代・子ども世代とに分け、それぞれのニーズに合わせた発信をするなど工夫した結果、新年度の生徒が20%増えました。塾へ貢献できたことがとてもうれしく、❸将来はこの強みを活かして、当事者意識を持って工夫をし、クライアントから必要とされるコンサルタントになりたいと考えています。

回答についてのアドバイス

3

当事者意識を持って工夫し課題を解決できる、という強みはコ 界が求める能力とマッチしているため ピールすることができます。また、強 となる具体的なエピソードも示されており説得力があります。

Point 企業の求める人材を正確に知るために

4

エントリーシート（ES）の設問を丁寧に読み解くと、企業の求めている人材や能力を推測することができます。例えば、「周囲から信頼を得ることができたエピソードは何か」という設問の場合、この企業の求めている能力は「協調性（ 力）」であると推測できます。近年目まぐるしく変化するビ においては、新しい課題にも、周囲と協力しながら積極的に 合える人物が求められています。中でも、チャレンジ精神、リーダーシップ、協調性を求める企業が多い傾向にありますが、「どのような内容のチャレンジ精神」を求めているのかは企業により異なります。ESの設問の裏にある意図を読み解いておきましょう。

2章 基本質問回答集

37

❶面接官が質問を通じて、何を知りたがっているのかをその理由とともに解説

❷3つの要点を順番に組み立てることで、面接官の求める回答につながる

❸監修者の回答についての評価やアドバイスを紹介

❹質問の要点やまとめ、回答についての補足や注意点などを紹介

【　実例回答とアドバイスを複数掲載！　】

❺あなたの状況に近いパターンを見つけて、具体的な回答に近づけよう

❻監修者の回答についての評価や、よりよい回答にするためのアドバイスを紹介

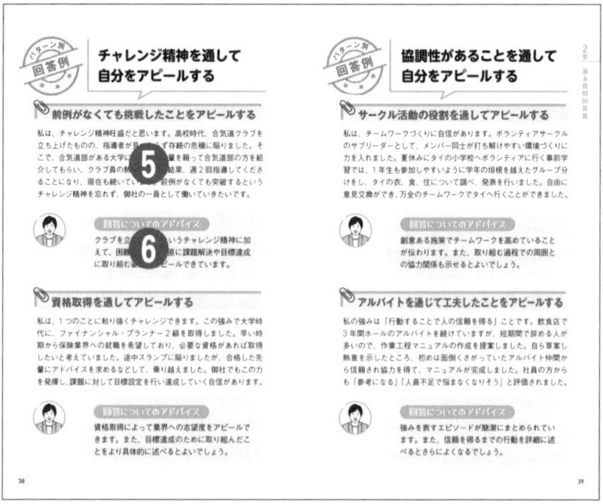

パターン別 回答例

チャレンジ精神を通して自分をアピールする

前例がなくても挑戦したことをアピールする

5

私は、チャレンジ精神旺盛だと思います。高校時代、合気道クラブを立ち上げたものの、指導者が見 ず存続の危機に陥りました。そこで、合気道部がある大学に 輩を頼って合気道部の方を紹介してもらい、クラブ員の熱 結果、週2回指導してくださることになり、現在も続いてい 前例がなくても突破するというチャレンジ精神を忘れず、御社の一員として働いていきたいです。

回答についてのアドバイス

6

クラブを立 いうチャレンジ精神に加えて、困難 直に課題解決や目標達成に取り組む ピールできています。

資格取得を通してアピールする

私は、1つのことに粘り強くチャレンジできます。この強みで大学時代に、ファイナンシャル・プランナー2級を取得しました。早い時期から保険業界への就職を希望しており、必要な資格があれば取得したいと考えていました。途中スランプに陥りましたが、合格した先輩にアドバイスを求めるなどして、乗り越えました。御社でもこの力を発揮し、課題に対して目標設定を行い達成していく自信があります。

回答についてのアドバイス

資格取得によって業界への志望度をアピールできます。また、目標達成のために取り組んだことをより具体的に述べるとよいでしょう。

38

パターン別 回答例

協調性があることを通して自分をアピールする

サークル活動の役割を通してアピールする

私は、チームワークづくりに自信があります。ボランティアサークルのサブリーダーとして、メンバー同士が打ち解けやすい環境づくりに力を入れました。夏休みにタイの小学校へボランティアに行く事前学習では、1年生も参加しやすいように学年の垣根を越えたグループ分けをし、タイの衣、食、住について調べ、発表を行いました。自由に意見交換ができ、万全のチームワークでタイへ行くことができました。

回答についてのアドバイス

創意ある施策でチームワークを高めていることが伝わります。また、取り組む過程での周囲との協力関係も示せるとよいでしょう。

アルバイトを通じて工夫したことをアピールする

私の強みは「行動することで人の信頼を得る」ことです。飲食店で3年間ホールのアルバイトを続けていますが、短期間で辞める人が多いので、作業工程マニュアルの作成を提案しました。自ら草案し熱意を示したところ、初めは面倒くさがっていたアルバイト仲間から信頼され協力を得て、マニュアルが完成しました。社員の方からも「参考になる」「人員不足で悩まなくなりそう」と評価されました。

回答についてのアドバイス

強みを表すエピソードが簡潔にまとめられています。また、信頼を得るまでの行動を詳細に述べるとさらによくなるでしょう。

2章 基本質問回答集

39

2章

基本質問回答集

面接で出される質問には、
何かしら面接官の意図が反映されている。
定番の基本質問に対する回答例と
攻略ポイントを参考に、面接官に対する
自己アピールのイメージトレーニングをしよう。

自己紹介・
自己PR
01

自己紹介をしてください

面接官は
ココが
知りたい

- 就活生の全体像と人柄について知りたい
- エピソード内容と面接時の印象が合っているか知りたい

理由

自己紹介は、最初に聞かれることが多い質問です。面接官は、就活生の話し方や表情などを注視し、エントリーシート（ES）や履歴書に書かれていることに嘘はないか、誇大に見せていないかを見極めようとしています。また、自分の特徴や性格をきちんと理解できているかも見ています。

攻略ポイント

基本は明るい表情でハッキリと回答すること。具体的なエピソードを通して自分を知ってもらい、面接官に好印象を与える

回答の流れ

❶ 基本情報を簡潔に伝える

大学の所属や主な取り組みを、声の張りや表情を意識して、面接官に好印象を残すように簡潔に伝えます。

❷ 具体例を通して自分の関心事を知ってもらう

「誰と、どこで、どのようなことを行ったのか」など、具体的に取り組んだエピソードを語り、自分が何に関心を持っているかを伝えます。

❸ 性格や特徴による成果をアピールする

自分の性格や特徴によって、どのような成果があったかをアピールすると、面接官の理解が深まります。

模範回答例

私は❶経営学のゼミに所属しています。これまで、地元企業との産学連携の取り組みや、ビジネスプランコンテストへの参加といった活動を行ってきました。❷産学連携の取り組みでは、地元の特産品を扱う○○会社と提携し、大学近辺の商店街の活性化に向けた取り組みを行いました。先月参加したビジネスプランコンテストでは、約300名の聴衆の前で発表をし、❸持ち前の明るさと入念な準備の成果もあり、参加40チーム中3位の成績を挙げることができました。

回答についてのアドバイス

ゼミ活動に積極的で、産学連携の取り組みやビジネスコンテストなど何事にも挑戦していく姿が印象的です。こうした姿勢は、入社後にも活かされるはず、と評価されます。また、自己紹介なので人柄がわかる説明を追加するとよいでしょう。

Point アピールポイントを1つに絞ることが大切

自己紹介で大切なことは、自分がどういう人物なのかという全体像を伝え、自分に興味を持ってもらうことです。「責任感が強い」「好奇心旺盛」「リーダーシップがある」など、アピールポイントを1つに絞って、その良さが伝わる自分らしいエピソードを話しましょう。さまざまな自己アピールをしすぎると、結局どのような人柄なのかが伝わらず、マイナス評価となる可能性があります。また、「○分で自己紹介してください」と時間を指定される場合も多いので、例えば30秒、1分、3分というように、時間に合わせたエピソード内容を考えておくことをおすすめします。指定時間が長ければ「アピールポイントを活かしてこういう業務につきたい」と意欲的な姿勢を見せましょう。

自己紹介・自己PR 02

自己PRをしてください

面接官はココが知りたい

- 就活生の強み・能力を知りたい
- 就活生の人柄を知りたい

理由

面接官は、就活生の強みや能力がどのように自社に貢献してくれそうかを推測しようとしています。また､「その強みを培った理由」を聞くことで、「○○なタイプの人」というように性質や人柄を想像することができ、自社の社風と合うかも見定めようとしています。

攻略ポイント

企業が求めている人物像に合った自分の強みや特徴を、具体的なエピソードでアピールする

回答の流れ

❶ 自分のPRポイントを述べる

「私は○○ができる人物です」というように、冒頭で自分のPRポイントを簡潔にまとめて述べます。

❷ なぜそれが強みなのか理由を述べ人柄を伝える

面接官が理解しやすい説得力のあるエピソードを選び、自分がしてきた工夫や結果を通して自分の強みである理由を述べ、人柄を伝えます。

❸ 企業とのマッチ度をアピールする

自分の強みと企業が求める強みが一致していることを伝え、必要な人材であることをアピールします。

模範回答例

私は❶「当事者意識を持って工夫し課題を解決できる」人間です。❷小規模塾講師のアルバイトにおいて「生徒を増やす」という課題に対し、SNSを利用して親世代・子ども世代とに分け、それぞれのニーズに合わせた発信をするなど工夫した結果、新年度の生徒が20%増えました。塾へ貢献できたことがとてもうれしく、❸将来はこの強みを活かして、当事者意識を持って工夫をし、クライアントから必要とされるコンサルタントになりたいと考えています。

回答についてのアドバイス

当事者意識を持って工夫し課題を解決できる、という強みはコンサル業界が求める能力とマッチしているため面接官にアピールすることができます。また、強みの裏付けとなる具体的なエピソードも示されており説得力があります。

Point 企業の求める人材を正確に知るために

エントリーシート（ES）の設問を丁寧に読み解くと、企業の求めている人材や能力を推測することができます。例えば、「周囲から信頼を得ることができたエピソードは何か」という設問の場合、この企業の求めている能力は「協調性（信頼を得る力）」であると推測できます。近年目まぐるしく変化するビジネス環境においては、新しい課題にも、周囲と協力しながら積極的に仕事と向き合える人物が求められています。中でも、チャレンジ精神、リーダーシップ、協調性を求める企業が多い傾向にありますが、「どのような内容のチャレンジ精神」を求めているのかは企業により異なります。ESの設問の裏にある意図を読み解いておきましょう。

パターン別
回答例

チャレンジ精神を通して自分をアピールする

前例がなくても挑戦したことをアピールする

私は、チャレンジ精神旺盛だと思います。高校時代、合気道クラブを立ち上げたものの、指導者が見つからず存続の危機に陥りました。そこで、合気道部がある大学に進学した先輩を頼って合気道部の方を紹介してもらい、クラブ員の熱意を伝えた結果、週２回指導してくださることになり、現在も続いています。前例がなくても突破するというチャレンジ精神を忘れず、御社の一員として働いていきたいです。

回答についてのアドバイス

クラブを立ち上げるというチャレンジ精神に加えて、困難に負けず愚直に課題解決や目標達成に取り組む姿勢をアピールできています。

資格取得を通してアピールする

私は、１つのことに粘り強くチャレンジできます。この強みで大学時代に、ファイナンシャル・プランナー２級を取得しました。早い時期から保険業界への就職を希望しており、必要な資格があれば取得したいと考えていました。途中スランプに陥りましたが、合格した先輩にアドバイスを求めるなどして、乗り越えました。御社でもこの力を発揮し、課題に対して目標設定を行い達成していく自信があります。

回答についてのアドバイス

資格取得によって業界への志望度をアピールできます。また、目標達成のために取り組んだことをより具体的に述べるとよいでしょう。

パターン別 回答例

協調性があることを通して自分をアピールする

サークル活動の役割を通してアピールする

私は、チームワークづくりに自信があります。ボランティアサークルのサブリーダーとして、メンバー同士が打ち解けやすい環境づくりに力を入れました。夏休みにタイの小学校へボランティアに行く事前学習では、1年生も参加しやすいように学年の垣根を越えたグループ分けをし、タイの衣、食、住について調べ、発表を行いました。自由に意見交換ができ、万全のチームワークでタイへ行くことができました。

回答についてのアドバイス

創意ある施策でチームワークを高めていることが伝わります。また、取り組む過程での周囲との協力関係も示せるとよいでしょう。

アルバイトを通じて工夫したことをアピールする

私の強みは「行動することで人の信頼を得る」ことです。飲食店で3年間ホールのアルバイトを続けていますが、短期間で辞める人が多いので、作業工程マニュアルの作成を提案しました。自ら草案し熱意を示したところ、初めは面倒くさがっていたアルバイト仲間から信頼され協力を得て、マニュアルが完成しました。社員の方からも「参考になる」「人員不足で悩まなくなりそう」と評価されました。

回答についてのアドバイス

強みを表すエピソードが簡潔にまとめられています。また、信頼を得るまでの行動を詳細に述べるとさらによくなるでしょう。

自己紹介・自己PR 03

あなたの趣味は何ですか

面接官は
ココが
知りたい

- 性格や人柄を知りたい
- どの部署に適性があるかを知りたい

理由

趣味の種類や、「一人で楽しむ」「体を動かす」などの楽しみ方によって、就活生の普段の人柄を知ろうとしています。さらに、一緒に働く姿をイメージし、自社との相性や、どのような部署で活躍してくれそうか、適性を見極めようとしています。

攻略ポイント

語りすぎて長くならないように時間配分に注意し、自身の興味や人柄が伝わるよう、簡潔に整理して話す。強みとしてもアピールする

回答の流れ

❶ なぜその趣味なのか理由を述べる

趣味は何か、なぜその趣味なのか、至った背景もわかるように具体的に述べると、人柄への理解が深まります。

❷ 素の自分を理解してもらえるエピソードを話す

趣味への取り組み方を語ることで、面接官は就活生の普段の人物像をイメージしやすくなります。客観的な評価を加えると説得力が増します。

❸ 志望企業との相性を意識し強みとしてアピールする

職場での働く姿勢や適性をイメージしてもらうため、趣味を通して自分のプラス面、強みをアピールしましょう。

模範回答例

趣味は❶創作料理です。両親が働いているので、高校生の頃から週２日夕食を作っていますが、大学で留学生の友人ができたことから、海外の料理を教えてもらい、自分なりにアレンジして創作料理を作るようになりました。❷失敗もありましたが、初めての食材を使うことが楽しく、ハーブを使ったお好み焼きは家族にも友人にも好評でした。「チャレンジャー」と言われる私ですが、❸好きなことでは失敗も苦にならず、むしろ工夫することが大きな楽しみとなっています。

回答についてのアドバイス

創作料理のエピソードから「好奇心旺盛な人」や「試行錯誤を繰り返しながら努力できる人」という印象を与えています。また高校生の頃から続けているということで、自身の継続力もアピールすることができるでしょう。

Point 熱中度・持続力もアピールしよう

趣味を聞くことは、1つのことに熱中できるタイプかを知りたいという理由もあります。模型づくりが趣味ならば「目標に向けてコツコツ努力できる」と予測できるからです。また、長く続いている趣味の場合、「粘り強い」と評価されますので、積極的にアピールしましょう。

・避けたい趣味

アニメやゲームは海外で評価されている作品もあり、日本でも認知されつつあります。しかし、面接の場での趣味としては、面接官の年代によっては受け入れられなかったり、総じて「子どもっぽい趣味」と捉えられてしまうこともあるので、避けたほうが無難です。

自己紹介・
自己PR
04

あなたの特技は何ですか

面接官は
ココが
知りたい

- 就活生の人柄や価値観を知りたい
- 特技が仕事にどう役立つか知りたい

理由

特技の内容も重要ですが、「忍耐強さを学んだ」就活生ならば、「まじめに努力できるタイプだろう」というように、価値観や仕事への取り組み方を想像することができるからです。特技を通して「学んだことは何か」「仕事に活かせる適性はあるか」を見ています。

攻略
ポイント

面接官の関心を引くようなエピソードで、特技をアピールする。自分を大きく見せるのではなく、特技を通じて価値観を理解してもらう

回答の流れ

❶ 特技であると自信を持って言える理由を述べる

特別なことでなくても、特技と言えるレベルであるという具体例を挙げ、面接官が納得できる根拠を示します。

❷ 特技を通して得たものや学びを伝える

特技によって何を得たのか、何を学んだかを具体的に伝えると、自分の価値観や人物像が理解されやすくなります。

❸ 成長したい気持ちをアピールする

常に工夫している、目標を持っていることを具体的に語れると、「向上心がある」と評価されるでしょう。

模範回答例

私の特技はパソコンのタイピングです。❶5本指でのブラインドタッチを正確にすることができます。高校時代に趣味でブログを書いており、毎日更新するうちに❷タイピングの速度・正確さが格段に向上しました。ブラインドタッチはディスプレイに集中できるので、目や首が疲れにくく、レポートの作成も短時間で仕上がるようになりました。タイピングはパソコンを扱う人にとって必須のスキルですが、❸今後はエクセルスキルの向上に努めていきたいと考えています。

回答についてのアドバイス

特技のタイピングだけでなく今後の目標としてエクセルの習得まで掲げており、就活生の向上心が伝わります。また、業務でこの特技をどのように活かすのか、例えば「事務作業を効率的に行える」など、具体的に述べられるとよいでしょう。

Point 企業に合わせたエピソードを複数用意する

志望する業界や企業、職種などの違いによって、求められるスキルは異なります。1つの特技を軸にして、志望企業（または職種）が求めるスキルに合うように、エピソードのレパートリーを考えておきましょう。例えば、「サッカーが得意で、ブロック優勝した」という場合、地道に努力を重ねることができる「持続力」、チームで力を合わせて目標達成した「チームワーク力」や「目標達成力」など、強調するポイントを志望する企業や職種に合わせて変更するのです。面接官に、「自社と合っている」、「活躍してくれそう」と評価されるでしょう。エントリーしている企業に合わせたエピソードを考え、特技が役立つことをアピールできるよう、柔軟に対応していくことが大切です。

自己紹介・自己PR
05

あなたの長所と短所を教えてください

面接官は
ココが
知りたい

- 自分の性格を客観視できているか
- 仕事の中で長所を伸ばしていく姿勢があるか

理由

就活生の性格を重視する背景には、会社が求める人物像にマッチしていなければ、いずれ人間関係や仕事などでつまずく可能性が高いからです。スキルは後からでも補えます。むしろ長所と短所をしっかり理解し、社会人として自覚的に対応していく姿勢が問われます。

攻略ポイント

自己分析によって長所・短所を把握。長所を活かしてこれまで何をしたか、今後は仕事でどうしたいかを語る。短所は長所の裏返しと捉え改善策を

回答の流れ

❶ 自己分析後、長所と短所を対にして書き出してみる

例えば「人見知りしない」は長所ですが、「初対面で馴れ馴れしい」という短所にもなり得ます。短所をポジティブな言葉に置き換えることで長所と受け取られることも。

❷ 長所が感じられる具体的なエピソードを簡潔にまとめる

説得力を増すためにも、自分の性格がよく反映されたエピソードを交えて伝えます。1つの性格に1つのエピソードでまとめたほうが面接官の印象に残ります。

❸ 第三者の評価で客観性を出し、改善案を述べる

ゼミの教授やバイト先の社員、家族や友人、サークルの先輩・後輩など、第三者の方の言葉を思い出しましょう。

模範回答例

私の長所は、❶好奇心旺盛で人見知りしないところです。さまざまな文化やいろいろな人と触れ合いたくて、米英仏独などよく知られる国以外にも旅行しました。❷言葉の壁はジェスチャーで補い、いまもインターネットを通じて多くの人とやり取りがあり、国際感覚も身についたと自負しています。❸その反面、「馴れ馴れしい」と言われたこともあり、強いて言えばそこが短所でしょうか。今後は社会人としての節度ある態度と、しっかりした語学力を身につけていこうと考えています。

回答についてのアドバイス

長所と短所は表裏一体な性質があります。例えばこのエピソードでは、馴れ馴れしいという短所を人見知りをしないという長所で補っています。最後では短所を克服する方法まで述べているのでその姿勢が評価されるでしょう。

レベルUP 短所も強みになることを知ろう

長所・短所について質問することで、面接官はあなたの自己分析能力と誠実さを見ています。長所を話すことは自己PRに似ていますが、入社したいがための誇張は控え、長所の裏付けとなる具体的なエピソードを添えて、あくまでも客観的に。短所はマイナスイメージに捉えられがちですが、話のストーリー次第ではプラスの要素に変えられます。自分の短所をどういった場面で認識し、克服するための思考と行動をいかに行ったか、あるいは行っているか。その努力、前向きな姿勢こそが評価の対象になります。

長所と短所は表裏一体の関係です。長所をアピールすることも大事ですが、短所をどう克服したかに面接官はより注目します。

パターン別
回答例

仕事を通じて成長できる可能性をアピールする

自身を客観視して対応できる「柔軟さ」

長所は、自分の課題に気づいて改善できることです。所属する吹奏楽部でパートリーダーを任されたとき、最初はメンバーがなかなか従ってくれないことを不満に感じましたが、「自分の指示の出し方に問題があるのかもしれない」と気づき、なぜ練習のやり方を変更するのか、その目的や意義を丁寧に伝えるようにした結果、メンバーのモチベーションが向上し、各人の技術もアップしました。

回答についてのアドバイス

自身の問題点をきちんと客観視してそれを改善できる柔軟性だけでなく、成果につながっている点についてもアピールできています。

どんな場面でも高みを目指す「負けず嫌い」

「負けず嫌い」が私を象徴する性格だと考えています。ゼミでビジネス関係のコンテストに出場する機会があったのですが、中間発表は出場チーム中で最下位でした。この結果が本当に悔しく、残り１週間は寝る間も惜しんで改善に取り組んだところ、本番は１位を獲得することができました。この負けず嫌いな性格を活かし、どんな場面においても常に高みを目指していきたいと考えています。

回答についてのアドバイス

負けず嫌いな性格として、向上心があり自発的に自分を高められることを伝えています。チーム内での振る舞いも述べるとよいでしょう。

パターン別 回答例

周囲の評価を通して自分をアピールする

面倒なことも自ら手を挙げる「責任感」

私はよく友人から「責任感がある」と言われます。サークルでも、会員費を徴収する会計を担当していました。お金を徴収する仕事はメンバーにあまりいい顔をされないこともあり、嫌われる役回りですが、「誰もやらないなら私がやる」と立候補し、責任を持ってやり遂げました。人が「面倒だ」と思うようなことも自ら手を挙げてまっとうする姿勢から、「責任感がある」と言われるのだと思います。

回答についてのアドバイス

責任感とは非常に抽象的な言葉です。その点を「面倒なことも自ら手を挙げる責任感」と具体化しているのがポイントです。

決心したら徹底してやり抜く「努力家」

周囲の人たちから「努力家」と評されます。学生時代はドイツ語を選択していたのですが、最初の試験は勉強方法がわからず、とても悪い結果でした。なんとか留年は免れましたが、このままではいけないと思い、ドイツ語を徹底的に勉強すると決めたのです。それから毎日２時間ずつ独学を続けました。その甲斐があって次の定期試験ではクラスで１番となり、ドイツ語検定３級にも合格しました。

回答についてのアドバイス

努力家の定義を初めに述べましょう。また、なぜ努力をしたのか、どのような点を工夫したのかまで踏み込んで伝えるとよいでしょう。

自己紹介・自己PR
06

あなたの性格をひと言で言うと何ですか

面接官は
ココが
知りたい

- 自己分析ができているか知りたい
- 自社と相性がよいかを知りたい

理由

エントリーシート（ES）や履歴書の内容と、面接での表情・話し方とを比較し、自己分析がしっかりできているか確認しています。就活生の性格が、自社の社風と合っているか、どのような役割が果たせそうかも見ています。相性が合わずに、早期退職をされてしまうリスクを避けたいからです。

攻略ポイント

きちんと自己分析ができていることをアピールし、ポジティブな面を話そう。企業との相性をよく考えることが大切

回答の流れ

❶ 複数ではなく１つを述べる

性格は１つを強調して良さを述べます。複数だと、結局どういう性格なのかが正確に伝わらず、面接官の印象に残りにくくなります。

❷ １つのエピソードを詳しく説明する

「問題が生じたとき、性格によってこのように解決した」というように、面接官に特徴が伝わりやすい具体例を挙げて説明しましょう。

❸ 性格がもたらしたよい例をアピールする

性格によってもたらされたよい結果があれば、具体例を挙げアピールします。

模範回答例

❶私は「素直な性格」だと思います。大学入学後、3年間、ファミリーレストランでアルバイトをしていますが、当初は、❷オーダーミスなどお客さんに迷惑をかけてしまうことも度々ありました。しかし、自身の知識不足を受け止め、社員の方や先輩からのアドバイスは必ずメモを取る、同じミスをしないよう徹底すると決め、❸同じタイミングで入ったアルバイト5名の中で最も早く昇格できました。周りのアドバイスや経験を素直に吸収できたからだと考えています。

回答についてのアドバイス

アルバイトは企業での仕事と似ており、まずは先輩や社員の方の指導を受けるところから始まります。回答例のように指導を受け入れ、徐々に仕事ができるようになったエピソードから「成長スピードの早さ」をアピールできるとよいでしょう。

Point ひと言で言い表すには「エントリーシートを見直す」

自分の性格をひと言で説明するヒントになるのは、自己分析の結果やESに記入した自己PRなどを見直してみることです。自己PRで最初に挙げた内容や、多用している言葉などが自分の性格を端的に表したものにつながります。

・マイナス評価につながる伝え方

性格を強調しすぎると、逆にマイナス評価につながる場合があります。例えば好奇心旺盛な学生を求めている企業で「慎重な性格」であることを強調しすぎると、性格自体に問題はなくても、企業との相性はよくないと見られてしまうからです。

自己紹介・自己PR
07

あなたの自慢できることは何ですか

面接官はココが知りたい

- 就活生の人柄を知りたい
- 物事に対する熱意を知りたい

理由

自慢できることを通して、就活生の価値観や人間性を知ろうとしています。「習い事を休まず続けている」ことが自慢ならば、継続力がありまじめな学生だと予測し、物事に対する姿勢を評価でき、自社での活躍が期待できるからです。

攻略ポイント

志望企業が求めている強みと自分が自慢できることが一致するエピソードを話し、企業とのマッチ度をアピールする

回答の流れ

❶ エピソードの中に自分らしい理由を入れる

大げさな自慢でなくても、なぜそれを自慢と思うのか、きっかけや経過を自分らしく語ることが人柄を理解してもらうコツです。

❷ 内容を具体的に述べ、人柄を伝える

自慢できると言えるだけの熱量を持っていること、工夫していることなど内容を具体的に述べ、より自分の人柄を理解してもらえるよう伝えます。

❸ 仕事に結びつくことをアピールする

面接官が、就活生の適性を見極め、どのような働き方をするのかを予測できるようにアピールします。

模範回答例

私の自慢できることは、❶継続力とそのための工夫ができることで、志望する大学に合格した記念に入学式の日から、毎日続けているウォーキングです。❷悪天候の日や合宿のとき以外は続けていて、試験勉強で行き詰まるなど嫌なことがあっても、ウォーキングをすると合格したときの喜びを思い出して、力が湧いてきます。毎日１時間以上と決め、曜日ごと、季節ごとにルートを変えるなど、工夫しています。❸継続力と工夫には自信があるので、入社後も同様に取り組みたいです。

回答についてのアドバイス

継続力をアピールする際は「ただ続けただけ」で終わらないことが大切です。回答例における「ルートを変える工夫」など、取り組みを続ける中でどのようにレベルアップしていったかの成長過程を語れるようにしておきましょう。

Point 企業の求める人物像を正しく理解する

自分の自慢できることが、企業の求める人物像に合っているかが最も大事です。例えば、広告代理店志望の就活生ならコミュニケーション力やプレゼン力を、商社なら目標達成力や国際感覚につながる自慢ということです。企業が望む複数の強みに、自分の強みも複数絡められると、他の就活生と差をつけることができます。とはいえ、単なる自慢話になってしまったり、自分を大きく見せようとして、大げさに盛って話しても、面接官の評価は下がってしまいます。基本的に面接官は、自慢できることを通して、どのようなことに興味を持っているのか、どのような性格なのかを知り、「この就活生と一緒に働きたいかどうか」を重視しているからです。

自己紹介・自己PR 08

いままでの人生で一番継続できていることは何ですか

面接官は ココが 知りたい

- 継続するためのモチベーションが何かを知りたい
- 入社後に長く働いてくれるかを知りたい

理由

就活生が一番長く継続できたことを問うことで、継続するためのモチベーションが何なのかとどの程度の継続力があるかを知ろうとしています。また、質問を通じて、就活生の性格を見極め、入社後に長く働いてくれそうな人材かを推測しています。

攻略ポイント

何を継続してきたのかを具体的に述べるだけでなく、継続するためのモチベーションがあることをアピールする

回答の流れ

❶ 継続してきたことを簡潔に伝える

一番継続してきたことを簡潔に伝えます。

❷ 面接官が納得できるエピソードを伝える

誰もが当たり前にやっていることではなく、自分だからこそ継続できたモチベーションが何なのかについて、エピソードを交えて具体的に述べます。

❸ 入社後に継続力をどのように活かせるかアピールする

自分の継続力をどのように会社の業務に活かしていけるかを述べ、入社意欲が高いことをアピールします。

模範回答例

①私はサッカーを12年続けてきました。中学生のときには足首の骨折という大きなケガをし、サッカーができない期間がありました。もうサッカーはできないと一度は考えましたが、②チームの仲間からの励ましや、大会で勝利の喜びを分かち合いたいという思いで、リハビリに取り組み、選手として復帰することができました。③入社後も自分の継続力を活かし、たとえ大きな壁にぶつかっても諦めず、乗り越えていきたいです。

回答についてのアドバイス

困難にぶつかっても、物事を途中で投げ出さない忍耐力や、苦しい状況でも、自分にできることを考え、実行する主体性をアピールできています。回答例のように、なぜ継続することができていたのかを明確に伝えられるとよいでしょう。

要チェック 継続力をアピールする際の注意点

「大学の授業を休まずに4年間受け続けた」や「アルバイトを2年間続けた」など、誰もが当たり前にやっていることではなく、あなただからこそという部分を伝えなければ、魅力や意欲が十分に伝わりません。また、「〇〇を継続して優勝した」など、過程の内容がなく結果だけで終わっていて、継続力をどう発揮し、結果に対してどのような影響を与えたのかが伝わらないアピールがあります。面接官が知りたいのは、結果ではなく過程です。ですから、過程の説明がなく成績だけのアピールで終わると、ただの自慢と捉えられて印象がよくありません。あくまで継続する力があることをわかりやすくするための具体例ですから、目的を見失わないようにしましょう。

自己紹介・
自己PR
09

あなたのキャッチフレーズ・キャッチコピーを教えてください

面接官は
ココが
知りたい

- 自己分析ができているか知りたい
- 伝える力があるか知りたい

理由

この質問を問うことにより、自己分析をどのようにしているかを知ろうとしています。自分を客観的に捉えられる人は、仕事においても成長できる可能性を秘めていると面接官は考えています。また、自分の長所をわかりやすく伝える力があるかどうかも確認しています。

攻略ポイント

インパクトのあるキャッチコピーとそのエピソードを語ることで、面接官の興味を引き、自分の特徴をアピールする

回答の流れ

❶ インパクトのあるキャッチコピーを述べる

自分のキャッチコピーを冒頭で簡潔に述べます。

❷ 背景となるエピソードを伝える

エピソードを伝えることで、キャッチコピーの説得力が増します。キャッチコピーとエピソードが明確に結びつくことを意識しましょう。

❸ 入社後にキャッチコピーをどのように活かしていくかを伝える

自分がどういう人間なのかを端的に表現したのがキャッチコピーです。長所や魅力、性格をどのように会社で活かしていけるかをアピールしましょう。

模範回答例

①私のキャッチコピーは「努力の達人」です。私は中学から大学までの10年間、陸上部に所属していました。②高校時代にはいい成績を残せなかった悔しさから、少しでも短距離のタイムを伸ばすために、部活の練習はもちろん、個人レッスンにも通い、スタートやフォームの研究と改善に励んできました。その結果、大学最後の大会では11秒を切る記録を出し、好成績を残すことができました。③この経験から、地道な努力も続けることで成果が出せることを学びました。

回答についてのアドバイス

面接官が想像しやすいキャッチコピーになっています。背景となっているエピソードにも具体性があり、説得力が増しています。このキャッチコピーから読み取れる長所で、会社にどのような貢献ができるかをアピールできるとよいでしょう。

要チェック キャッチコピーをつくる際の注意点

キャッチコピーにおいてインパクトは必要ですが、過大評価につながらないよう注意しましょう。面接官はセンスを見ているわけではなく、自己分析ができているか・わかりやすく表現できているか・その表現が適切かを見ています。「世界一」や「絶対に」など、誇大な表現は避ける必要があります。それに伴うエピソードがなかった場合、面接官に違和感を覚えさせてしまい、よい印象を与えることができません。同時に、差別化を図るために難解な言葉を使わないように意識しましょう。難解な言葉を使ったことによって意味が伝わらなかった場合、それはキャッチコピーとして何の意味もありません。誰でも知っている言葉で構成することが適切です。

自己紹介・自己PR 10

好きな言葉・座右の銘は何ですか

面接官はココが知りたい

- 就活生の“軸”を知りたい
- 仕事への取り組み方を知りたい

理由

座右の銘やその言葉にたどり着いた過程を聞くことで、就活生の行動指針や何を大切にしているのかという“軸”を知ろうとしています。就活生の軸を通して仕事でどのような活躍をしてくれそうかも推測できるからです。

攻略ポイント

なぜその言葉を選んだのかを通して、自分の軸や価値観を正しく伝え、仕事への取り組み方をアピールする

回答の流れ

❶ 座右の銘や好きな言葉の意味を正しく伝える

座右の銘は何かとともに、言葉の意味を正しく簡潔に述べます。偉人の言葉であれば、その人物名もあわせて伝えましょう。

❷ 座右の銘として選んだ理由を説明する

なぜこの言葉を選んだのか説得力のある理由を説明し、自分の価値観が伝わるように話します。

❸ 得た学びをアピールする

エピソードを通して、得た学びが仕事でも役立つことをアピールします。

模範回答例

私の座右の銘は❶「初志貫徹」です。この言葉は、最初に心に誓い決めた目標を最後まで貫き通すという意味です。❷私は小中高とラグビー部に所属し絶対に続けると決めていました。中学時代は一度もレギュラーになれず、辞めたいと思ったこともありましたが、必死に練習を続けた結果、高校時代ではキャプテンになり、県大会で優勝。全国大会ではいい結果を残せませんでしたが、ラグビーに取り組み続けたことで、❸諦めないことの大切さを知ることができました。

回答についてのアドバイス

ラグビー部の実体験に基づいて説明しているため説得力があります。面接官は座右の銘を聞くことでその人が持つ信念、軸を知ろうとしています。このエピソードからは「最初に決めた目標を最後までやり遂げる人」という印象が伝わるでしょう。

要チェック 座右の銘、好きな言葉を選ぶときの注意点

座右の銘は、就活生の性格や価値観を端的に表すので、面接官は、短時間で企業との相性を判断することができます。選ぶとき注意したいのは、企業理念と異なる方向性の言葉を選ばないことです。例えば、「自分でやり遂げる意欲」を尊重し求めている企業で、「周囲との和を重視」する言葉を選んでしまうと、企業が求める力強さやガッツと合わず、かえってマイナス評価になってしまうことがあります。企業がどのような人材を求めているのか、企業研究をしっかりした上で志望企業にアピールできるエピソードを選びましょう。また、そもそも座右の銘や好きな言葉と自分の考えがズレていないことが大前提です。他の質問での回答と一貫した考えで、面接官を納得させられるエピソードを話すことが大切です。

自己紹介・
自己PR
11

あなたは周囲の人からどのような人だと言われますか

面接官は
ココが
知りたい

- 自社でどのような役割が果たせるのか知りたい
- 自己を客観的に見て評価できているか知りたい

理由

就活生の自己評価と面接での外見・話し方の印象に相違がないかを確かめています。正確に自己分析できていない就活生の場合、志望理由や動機の信用性に欠けると判断できるからです。周囲の評価を通して、自社で活躍できる人物かも推測しています。

攻略ポイント

自己分析できているかがカギ。周囲の評価を自己分析とともに受け止め、具体的なエピソードを通して自分への理解を深めてもらう

回答の流れ

❶ 周囲の評価で長所をアピールする

周囲の評価と自己分析が一致していることを示し、自分のよい面を強調します。外見・話し方も意識しながらアピールします。

❷ 具体的なエピソードで説得力を持たせる

そのときの自分の立ち位置や心がけたこと、行動したことを具体的に伝え、面接官によりよく自分を理解してもらいましょう。

❸ 向上していく意欲があることを伝える

「もっとこうしたい」という向上心を述べたり、入社後の抱負に結びつけると高評価につながります。

模範回答例

私は、❶ゼミの仲間から「真っ直ぐで、目標に向かってひたむきに努力する人」だと言われています。リーダーを務めたとき❷「目的」を常に意識し、人一倍の情熱で取り組む姿勢を見せることでチームの舵取り役になることを心がけていました。ただ、仲間の立場や意思を受け入れることも重要で、❸今後は傾聴力を持ち、よりチームとして目標達成できる環境づくりを心がけていきたいと思っています。そして、その経験を社会に出ても活かしていきたいです。

回答についてのアドバイス

周囲からの印象を聞くことで、その人の人柄や性格を知ろうとしています。ゼミの経験より、周囲からの評価と自身の意識に乖離がないことも示しているため説得力があります。自身の今後の課題についても触れており、自己分析の深さが伝わるでしょう。

Point 順序よく述べ、入社後の働き方に結びつけられればOK

周囲からどのように思われているか、実際に家族や友人に聞いてみるのが一番よいでしょう。「このときのこういうことでそう思った」というように、具体的なエピソードまで聞ければ、自己評価と他己評価がつながりやすくなります。自分の特徴が理解できたら、志望する企業がどのような資質を持つ人材を求めているのかを調べ、マッチしているかを確認しましょう。問題なければ、どのような評価か、評価された場面、そのときの目標や課題、それに対してとった行動、それによって得られた結果と、順序よく述べていくと面接官が特徴を理解しやすくなります。さらに仕事に結びつけた抱負を述べると、職場での働きが想像でき、高評価につながります。

自己紹介・自己PR 12

人生（学生時代）で一番嬉しかったことは何ですか

面接官はココが知りたい

- 就活生の人柄を知りたい
- 嬉しかったことから何を学んだか知りたい

理由

就活生のモチベーションの源泉を知り、仕事上でどのようなことに喜びを見出せるのかを予測しています。例えば、「厳しい状況下で課題を達成した上での喜び」を挙げた就活生の場合、困難な仕事に向けて努力できる人物だとイメージできるからです。

攻略ポイント

表情豊かに感情を込めて話し、能動的に深く関わったエピソードを通して人柄や価値観を伝える

回答の流れ

❶ 主体的に関わったエピソードを選ぶ

単に嬉しかった思い出話ではなく、努力した過程や嬉しいと感じた理由を語れるエピソードを選びます。

❷ 具体例を通してモチベーションの源泉を伝える

「弱点を克服したかったから」など、どのようなことにやる気を見出しているかが伝わるような具体例を挙げると、面接官が理解しやすくなります。

❸ 学びを通して得たことを簡潔に述べる

嬉しかった経験がどのような学びにつながったのかを述べることで、自分の価値観や人柄を伝えることができます。

模範回答例

高校２年生の体育祭で放送係長を務めたとき、❶「○○さんが係長でよかった」と仲間に言ってもらえたことです。❷引っ込み思案だった自分を変えたくて係長に立候補しましたが、上手く係員をまとめられず落ち込みました。「係長はドンと構えて全体を見て指示を出せばいい」と担当教員にアドバイスされ、係員を信頼して役割を任せた結果、皆が主体的に動き、まとまりのある流れに変わりました。❸リーダーとは、俯瞰して見る力、仲間を信頼する力が何より大切だと感じました。

回答についてのアドバイス

放送係長に立候補した背景やその活動内容、得た学びなどを具体的に説明しており、その人の人柄が伝わるよいエピソードとなっています。面接官には、働く上でも社員を引っ張りまとめる人、という印象を与えることができるでしょう。

要チェック　マッチ度を探っていることも忘れずに

ベンチャー企業では部活動で得た成功体験などを、長い歴史のある中小企業では努力してよい成績を収めた体験などをそれぞれ好む傾向があります。企業とのマッチ度をより意識してエピソード選びは慎重に行いましょう。

・エピソードの選び方

「嬉しかった」という結果だけで、エピソードの中身が薄いと面接官の共感は得られません。「嬉しいと感じるまでにこのような努力があった」「嬉しかった体験を通してこのように成長した」など、楽しいと思えるまでの過程や学びが明確な例を選ぶと、より就活生の人物像が伝わりやすくなります。

自己紹介・自己PR 13

人生（学生時代）で悲しかったことは何ですか

面接官は
ココが
知りたい

- **精神的な強さを知りたい**
- **悲しかったことから何を学んだか知りたい**

理由

就活生がどの程度の悲しく辛い経験をしてきたかを知ることで、精神的なタフさの程度を見極めようとしています。仕事上で困難なことがあっても、学びに変えて取り組めるか、成長することができるのかを予測できるヒントになるからです。

攻略ポイント

悲しい出来事と向き合い、克服するために何を行ったのか、その結果学んだことが社会生活でも役立つことをアピールする

回答の流れ

❶ 悲しい出来事を具体的に伝える

冒頭で、何が悲しかったかを簡潔に述べます。面接官に共感されやすいエピソードを選びましょう。

❷ 気持ちを通して価値観を伝える

悲しい出来事に対してどう感じたか、なぜ悲しかったか、自分の気持ちを具体的に述べることで、価値観や人柄を伝えられます。

❸ 学びを通して得たことをアピールする

悲しみを乗り越えるために起こした行動などを伝えることで、マイナスな出来事もプラスに変えられる人物であることをアピールします。

模範回答例

大学時代に所属していた①演劇サークルの舞台に高熱で出られなかったことです。代役は立てていましたが②メンバーに心配をかけ、舞台を楽しみにしていた両親を悲しませてしまいました。この経験で、③体調管理の大切さが身に沁みました。忙しくても、週5日30分運動、栄養バランスのとれた食事、睡眠6時間確保など徹底した結果、翌年から風邪を引かなくなりました。社会人として健康管理は大前提なので、今後も十分気をつけたいです。

回答についてのアドバイス

高熱で舞台を欠席するという悲しいことをネガティブな経験談で終わらせず、そこからの意識改革について詳しく述べています。面接官には、辛い経験を学びに変えて成長できる人、という印象を与えることができるでしょう。

レベルUP ストーリー性があるエピソードを心がける

悲しい出来事を克服したエピソードを選びましょう。悲しかった経験を乗り越えていない状態ならば、「仕事で辛いとき大丈夫かな」と面接官を不安にさせるだけです。「こういう悲しい経験をしたけれど、自分なりに考えて行動し、このように乗り越え、その結果このような学びがあった」というストーリー性を意識して話してください。なぜ悲しかったのか、どう乗り越えたのかを説明することで面接官が納得しやすくなり、好印象エピソードとして残るでしょう。

精神的な強さをより知るために、「人生における最大の困難について教えてください」と質問されることもあります。➡ p.86

自己紹介・自己PR 14

人生のターニングポイントを教えてください

面接官は**ココが**知りたい

- **就活生の現在の価値観を知りたい**
- **入社後どのように成長するか知りたい**

理由

面接官は、就活生が「人生の転換点」を経て価値観がどう変わったのか、どのような影響により現在の価値観に至ったのかをより深く探ることで、自社との相性を見ています。ターニングポイントで得た学びによって、入社後どのように成長しそうかも推測しています。

攻略ポイント

ターニングポイントの前後でどう変わり、現在の価値観になったかを具体的に説明し、よりいまの自分を深く理解してもらう

回答の流れ

❶ ターニングポイントが何か最初に述べる

「ターニングポイントは○○です」と冒頭で簡潔に述べると、面接官にこれから話す内容を予測してもらいやすくなります。

❷ どう変化したかを伝える

ターニングポイントの前と後でどのように変わったか、具体的にわかりやすく伝え、成長した点もアピールします。

❸ 学びを通していまの価値観を伝える

ターニングポイントによって何を得たのかを伝え、それによって確立された現在の価値観が、仕事上で活用できることをアピールします。

模範回答例

私の人生のターニングポイントは、❶大学受験で初めて真剣に努力をしたことです。私は、❷高校受験のときはこだわりもなく、「近いから」という理由だけで合格圏内の高校を選びました。しかし、当時の自分の学力よりもはるかに高い大学に尊敬する教授がいると知り、受験を決意。2年間厳しいノルマを課し、本気で勉強に取り組んだ結果、合格することができました。この経験から、❸継続する大切さと努力して目標を達成するやりがいと喜びを知ることができました。

回答についてのアドバイス

大学受験というターニングポイントを機に、あなたの価値観がどのように変わり、現在はどのような価値観を持っているのかが伝わる内容となっています。この経験から得た学びを実際に活かせた場面まで説明できると、なおよいでしょう。

Point 志望理由に遡ってターニングポイントを見つける

「ターニングポイントが見つからない」という場合は、なぜこの業界・この企業・この業種を志望したのか、というところに遡って探していくとよいでしょう。例えば、「金融業界志望で、○○銀行、業種は△△」という場合、「ゼミの業界ヒアリングで興味を持った」とか、「地域経済を活性化させたい」など何かきっかけがあって志望したはずです。そのきっかけがターニングポイントである可能性があります。「人生のターニングポイントの□□がきっかけで、価値観がこう変わり、このようなビジョンを持って就職活動をしています」という答え方ができれば、志望理由の説得力も増し、面接官からの高評価を得ることもできるでしょう。

自己紹介・自己PR
15

高校生活で学んだことは何ですか

面接官はココが知りたい

- 就活生の本当の価値観を知りたい
- どのような成長があったか知りたい

理由

就活を意識せずに過ごしていた高校時代について聞くことで、就活生の背景を予測し、より本当の価値観を知ることができると考えています。これまでの成長過程を知ることで、社会生活でどのような成長が期待できるのかを推測しています。

攻略ポイント

面接官が共感しやすい高校生らしいエピソードで、自分の変わらない価値観、または価値観が変わった過程を的確に伝える

回答の流れ

❶ 自慢や成功事例ではなく学んだことを端的に伝える

背伸びせず、実体験のエピソードを選び、「○○をしました」ではなく、「○○を学びました」と、学んだことは何かをわかりやすく伝えます。

❷ 具体的エピソードで理解を深めてもらう

具体的な目標や取り組んだ経緯を述べ、どのように向き合い、乗り越えてきたか、そのときの気持ちなどもあわせて、理解を深めてもらえるように伝えます。

❸ 価値観を伝え職場での姿勢をイメージさせる

面接官が「職場ではこのようなことを重視して働いてくれそう」とイメージできるようにアピールします。

模範回答例

高校生活で①学んだことは、仲間と同じ目標に向けて工夫していくことの大切さです。②球技大会の実行委員としてクラスで取り組む中で、「優勝」を目標に、対戦チームについて研究し、相手の動きを予測するなど、皆で意見を出し合いながら練習しました。結果は準優勝で、目指していた優勝にあと一歩届かず悔しい思いをしましたが、③仲間との絆が深まり、リベンジを誓い合いました。同じ目標に仲間と工夫して取り組むことはいまも変わらぬ私の指針です。

回答についてのアドバイス

球技大会の取り組みに基づいて高校時代の学びを説明しているため説得力があります。また、同じ目標に向かって仲間と取り組むことは企業で働くことそのものであり、入社後の仕事でも活かされるだろう、と面接官に思わせることができます。

Point　オリジナルな学びを述べて価値観を伝える

「地道に努力して大学に合格した」というエピソードだけでは、自分らしさが伝わりません。「地道に努力」の中身を具体的に述べることで、面接官はその就活生独自の物事に対する向き合い方や価値観を理解でき、自社にふさわしい人物か判断できます。また、高校時代の価値観と、現在の価値観とで違いが出てくることもあります。例えば、高校生活では「一人で努力する大切さ」を学び、大学生活では「周りと協力する大切さ」を学んだという場合です。「自己分析と矛盾していませんか」と質問されても、どういう過程で、何がきっかけで自分の価値観が変わっていったのかなどを答えられるようにしておけば、逆に成長した点として面接官にアピールできます。

自己紹介・自己PR 16

どのようなな大学生活を過ごしましたか

面接官はココが知りたい

- 大学生活で学んだことを知りたい
- 就活生の将来性を知りたい

理由

大学生活そのものではなく、何を学んだかを通して、就活生の潜在能力や将来性を見極めようとしています。どのような目的を持って大学生活を送ってきたのかを知ることで、就活生の人柄も判断し、自社との相性も見ています。

攻略ポイント

大学生活を通して成長した点、学んだ点をアピールし、人柄や価値観を伝える

回答の流れ

❶ どのような大学生活を送ったか簡潔に述べる

「○○に力を注いだ大学生活を送りました」のように、面接官が理解しやすいように簡潔に述べます。

❷ 感じたことや学んだことを述べ人柄を伝える

具体的なエピソードを挙げ、感じたこと・学んだことを通して、自分の価値観や人柄が伝わるように話します。

❸ 企業との相性を考えてアピールする

得た学びが志望企業で活かせることを意識して、役立つ強みとしてアピールします。

模範回答例

❶グローバルな視点を持つことを意識した大学生活を過ごしました。1年間、カナダへ留学したとき、さまざまな国の学生たちと出会いました。❷各国の教育制度の違いや、裕福な家庭の学生や生活費を稼ぐ苦学生など個人的背景の違いを目の当たりにし、これまでの常識を問い直すきっかけとなりました。帰国後は、留学生と積極的に関わるようになり、視野が広がりました。❸グローバルな視点を意識して考える大切さを学び、志望している御社の海外部門でも活かしたいです。

回答についてのアドバイス

グローバルな視点を持って過ごした大学生活と志望している部門に一貫性があり、筋の通った内容となっています。また、面接官はその人の潜在能力や将来性を知ろうとしているため、取り組み内容についてより詳しく述べるとよいでしょう。

Point 論理的な説明力を磨くことが大切

大学生活についてただ漠然と話すのではなく、特に印象深いエピソードを語りましょう。ゼミ、サークル、アルバイト、趣味など、自分の人柄や強みが一番表れているエピソードは何かを探しアピールすると、面接官に伝わりやすいです。例えば、「よい友人に恵まれた大学生活」だけではなく、「○○を通してよい友人に恵まれ△△を知り□□力が備わった」など、社会に出たときに役立つ学びを得た学生生活であることを強調して、具体的に話すとよいでしょう。また、面接を通して「論理的に説明する力があるか」も見られていますので、内容だけでなく面接官が共感できるよう論理的な説明力を磨いておくことも大切です。

パターン別 回答例

達成した経験を通してアピールする

ボランティアでの人間関係を通してアピールする

授業の一環で行われた放課後クラブのボランティアをきっかけに、大学生活３年間、子どもたちと関わり続けました。児童心理学を専攻していますが、学んだ通りにいかず、臨機応変に対応する必要性が身に沁みました。何度も通ってようやく子どもたちと信頼関係が築け、「明日も来てね」と言ってもらえるようになりました。関わり続けることが人間関係の基本であると学び、今後も指針としていきたいです。

回答についてのアドバイス

困難な経験の中で学んだことが簡潔にまとめられています。また、信頼を得るまでの行動を詳細に述べるとさらによくなるでしょう。

アルバイト経験での試練を通してアピールする

大学入学以来、食品配送のアルバイトを続けています。1日50件近く届けるのですが、最初はルートを覚えるのが精一杯で配送が遅れてしまい、顧客にもお叱りを受けていました。そこで抜け道を調べ、最短ルートを探し、荷物の積み方も工夫した結果、「早くなった」「時間通り」と喜んでいただきました。感謝されることがやる気につながると感じ、誰かの喜びに結びつく行動を心がけています。

回答についてのアドバイス

やりがいを感じる場面を簡潔に述べています。誰かの喜びに結びつく行動、つまり他者貢献の精神が伝わるよい回答です。

パターン別 回答例

日常生活の中で得た学びをアピールする

時間の使い方の工夫を通してアピールする

私は、時間を有効かつ計画的に使う大学生活を送りました。一人暮らしを始めたことで、勉強、家事、アルバイトと、メリハリをつけて生活を送る必要性を感じました。そこで、私は、週末に次週やるべきことをリスト化し、毎朝見直すようにしました。この習慣のおかげで、一度も単位を落とすことなく卒業単位を取得しました。この経験から、時間の使い方を工夫する大切さを知ることができました。

回答についてのアドバイス

時間を有効かつ計画的に使うことは社会人の基礎です。この習慣を身につけるための工夫にも触れており納得感があります。

熱中した趣味を通しての学びをアピールする

大学生活では、野鳥の撮影に力を注いでいました。野鳥の撮影スポットを訪ね歩くうちに、同じ趣味の方と知り合い、その方の撮影グループに入れてもらいました。年代も性別もバラバラですが、野鳥観察や撮影に関しては遠慮なく話すことができ、年上の方と話すのが苦手な性格も克服できました。SNS のフォロワーからの反応も増え、1 つのことに熱中することで世界が広がる素晴らしさを実感しました。

回答についてのアドバイス

「積極的に交流の輪を広げる行動力」が印象的です。世界が広がることの素晴らしさを具体的に述べるとよりよいでしょう。

自己紹介・自己PR
17

いまの大学・学部・学科を選んだ理由は何ですか

- **就活生の価値観や行動指針を知りたい**
- **目的意識を持って学んできたかを知りたい**

理由

なぜその大学・学部・学科を選んだのかは一人ひとり異なり、関心が顕著に表れるので、就活生のパーソナリティをより深く知ることができます。また、学びへの姿勢は、仕事上でも共通すると考え、社会に出ても目的を持って働けるかどうか、判断しています。

攻略ポイント

どのような理由で選択したのか、そのうえでどのような学びをしてきたのか、将来にどうつなげたいか、理解されやすいエピソードで伝える

回答の流れ

❶ 選択した理由を具体的に述べる

希望する職業や、興味を持った教授やゼミがあって選んだ場合は、具体的に述べることで面接官により理解されやすくなります。

❷ 目標を持って学んでいることを伝える

どのような目標を持って学んでいるのかを伝え、「目的意識を持って行動できる人」だと印象づけましょう。

❸ 将来に結びつけて語る

現在の学部・学科を選択した理由と、将来の希望とがマッチしていることをアピールします。

模範回答例

私が❶〇〇大学理工学部情報工学科を選択した理由は、将来IT エンジニアとして活躍したいという思いがあり、特に AI 関連技術分野で実績を残されている△△教授のもとで学びたかったからです。私は❷情報社会が進展する中で、今後さらに進歩が見込まれる AI について研究したいと考え、現在の大学・学部に進学を決めました。将来は、❸ AI による効率化を進め、さらに便利な世の中を実現できるようにしていきたいと考えています。

回答についてのアドバイス

AI 領域を学びたいという明確な目的を持って勉学に励んでいる点がポイントです。面接官には、目的意識を持って行動できる人、という印象を与えることができます。また、最後にあるように今後の目標についても触れられるとよいでしょう。

要チェック ポジティブな理由でない場合は?

第1志望ではなかったなど、大学・学部・学科を選んだ理由がポジティブでない場合もあります。それを隠そうとしてインターネットなどからもっともらしい前向きな理由を作成しても、「他に受験した大学や学部は？　その理由は？」など多方面から深掘りされたらばれてしまいます。面接官が見ているのは、「就活生がどのような価値観を持ち、行動してきたのか」です。ネガティブな理由であっても、置かれた環境の中で自分の考えや価値観が変化し、「いまは目的意識を持って行動できている」ことをアピールしましょう。例えば、ゼミに入って予想外の魅力を感じた、ある教授と出会い目標ができたなど、きっかけや過程を語り、いま充実している様子が伝われば問題ありません。

自己紹介・自己PR 18

クラブやサークル活動ではどのようなことをしましたか

面接官はココが知りたい

- 就活生の人柄や協調性があるかを知りたい
- 活動を通して何を得たのか知りたい

理由

サークル活動で「仲間と協調しながら結果を出せた」という就活生ならば、社会に出ても周囲と協力して働く素地ができていると想像することができます。また、活動内容や役割を聞くことによって、自社でどのような力を発揮してくれそうか、就活生の能力も見ています。

攻略ポイント

仲間との協調性を示す印象深いエピソードを選び、取り組み方、感じたこと、学んだこと、結果などを丁寧に説明し人柄を伝える

回答の流れ

❶ 活動を通して印象深いエピソードを述べる

「全力で取り組んだこと」「困難にこう対処した」「実績や成績」など、自分ならではのエピソードを述べましょう。

❷ 経過や結果を具体的に説明する

工夫したことや周囲とどのように協力したかなど、結果も含めて経緯を具体的に説明します。

❸ どのような学びがあったかアピールする

学びをアピールすることで、志望する会社で自分がどのようなことに貢献できそうか、適性を想像してもらうことができます。

模範回答例

テニスサークルに所属しています。❶印象に残っているのは存続の危機を乗り越えたことです。1年前、レンタルコート代の値上がりにより参加費が増えたため人数が激減、活動が難しくなりました。そこで、❷私はメンバーに、他団体との合同活動でコート代を浮かすことを提案、参加費を減らすために尽力しました。同時に、SNSを利用して参加者を募るなど工夫した結果、20名程に増え、活動が続いています。❸メンバーと助け合って工夫し、積極的に行動することの大切さを学びました。

回答についてのアドバイス

エピソードから「協調性を持って行動できる人」という印象が伝わります。また、他団体と合同で活動するという臨機応変な対応から、思考の柔軟性もアピールできています。取り組み内でのあなたの立場を示せると、なおよいでしょう。

Point　サークル活動は評価大、入っていない場合は?

企業では多くの人と協働して成果を出すことが求められています。サークルで、人と協調しながら成果を出した経験があれば、会社で働く基礎ができていると評価されます。役割にもよりますが、マネジメント力・リーダーシップもアピールできるでしょう。サークルに入っていない場合は、捏造する必要はありません。面接官が「では、どんなことをされていたのですか?」と聞いてきたら、「代わりに、こういうことに力を入れてきました」と答えられるようにしておきましょう。

整合性を確かめるための同タイプの質問として、「学生時代最も頑張ったことについて教えてください」➡ p.78／「人生における最大の困難について教えてください」➡ p.86があります。

自己紹介・自己PR
19

アルバイト経験を通じて学んだことは何ですか

面接官はココが知りたい

- 就活生の働く姿勢について知りたい
- 周囲とのコミュニケーションのとり方を知りたい

理由

就活生が何に価値を置いて働くのかをイメージしています。周囲との人間関係のつくり方や、相手の意図を素早く理解し適切な反応・行動ができるか、という社会で必要なコミュニケーション能力が備わっているかも見極めています。

攻略ポイント

アルバイト経験を通して、どのような目標を立て、取り組み、何を学んだのか、それを社会でどう活かしたいかを伝えていく

回答の流れ

❶ 何を学んだのかを簡潔に述べる

アルバイト内容を長々と話すのではなく、まず学んだことを述べると、面接官に人柄やこれから語る内容を想像させやすくなります。

❷ 経緯に沿ってわかりやすく伝える

「この問題に、こう考え、こう対処した」というように、それぞれの経緯を丁寧に話し、仕事への取り組み方を伝えます。

❸ 企業での活かし方をアピールする

アルバイトで得た学びが企業でも活かせることや、さらにこうしたいという抱負を述べ、アピールします。

模範回答例

❶塾講師のアルバイトを通して、分析することの大切さを学びました。❷成績がよくない生徒の成績をどうしたら上げられるか、その生徒の得意科目、苦手科目を洗い出し、科目ごとに項目を分けてどこが苦手なのかを徹底的に分析しました。その結果をアドバイスしたことで生徒のモチベーションが上がり、学年で 20 番以上の成績アップにつながりました。入社後も、❸分析する力を活かし、困難な課題にも取り組み解決していきたいです。

回答についてのアドバイス

感覚的に生徒を指導するのではなく、しっかり課題を掘り下げて原因を追究する姿は魅力的です。仕事においても、課題を細かく掘り下げて物事の本質を明らかにする力が求められます。分析する際に意識していることなども述べるとよいでしょう。

要チェック 長く続いたアルバイト1つがベスト

複数のアルバイト経験ではなく、長く続いたアルバイト1つに絞ることをおすすめします。「好奇心旺盛でさまざまな仕事をしてみたかったから」と多数のアルバイト経験を挙げる人もいるでしょうが、「根気がないのではないか」「人間関係が上手くいかなかったのではないか」と、マイナスイメージを持たれてしまう可能性があります。

・抽象的な回答は避ける

「笑顔を心がけた」「一生懸命取り組んだ」など、抽象的な回答は面接官の印象に残りません。オリジナルな学びを具体的に述べ、人柄や働く姿勢をより深く知ってもらいましょう。

自己紹介・自己PR 20

学生時代最も頑張ったことについて教えてください

面接官はココが知りたい

- 自社に貢献できる能力があるか知りたい
- 就活生の人柄を知りたい

理由

何を頑張ったのかとともに、頑張ったことに対する取り組み方を聞くことで、就活生の人柄や性質を把握しようとしています。また、就活生の能力を知り、自社で活躍できそうか、成長していける人物であるかを判断しています。

攻略ポイント

最も頑張ったことを、活動内容や経緯、結果とともに伝え、企業に貢献できる強みを具体的にアピールする

回答の流れ

❶ 何を頑張ったのかを簡潔にわかりやすく伝える

「頑張ったことは○○です」と端的に話します。面接官がイメージしやすいエピソードがよいでしょう。

❷ なぜ頑張ったのか理由や結果を伝える

頑張った理由と、具体的な取り組みや結果を伝えることで、自分の人柄や強みをアピールします。

❸ 自分の強みが仕事で役立つことをアピールする

「○○力を得た」など、具体的に得た学びを伝え、志望企業で活かせる強みであることを意識してアピールします。

模範回答例

❶最も頑張ったことは、サッカー部のリーグ昇格です。❷万年最下位のリーグからの脱却を目指し、チームメイトと綿密な練習プランを立て、対戦チームの研究を行うなど、勝つために徹底して練習・研究を行いました。挫けそうになったときも、「目標はリーグ昇格」と全員で確認し合い、厳しい練習を積み重ねた結果、1つ上のリーグに昇格できました。❸御社でも常に目標を定め、一段階ずつ達成して成長していきたいと考えています。

回答についてのアドバイス

「目標に向かってチームで努力した」で終わらず、相手チームの分析や練習プランの検討など、取り組みに際しての工夫がよく伝わります。また、取り組みを頑張れた理由やチーム内での役割についても述べるとよいでしょう。

要チェック 長期間続いていて、かつ頑張ったエピソードを探す

最も頑張ったことの具体例としてNGなのは、倫理的にどうなのか？という内容です。例えば「ライバルを蹴落とすため」という目標設定ではいくら頑張りや工夫を強調しても、人格を疑われてしまう可能性があります。長期間続いていて、かつ頑張ったエピソードならば、面接官の共感を得やすく伝わりやすいでしょう。「TOEIC」「簿記」「ファイナンシャル・プランナー」など、頑張って高得点の達成や資格を取得した例なども、特に志望企業で必要な資格の場合は評価が上がります。また、頑張った結果得た強みは1つに絞ること。複数あると強みが分散して、面接官の印象に残りにくくなってしまうからです。

パターン別
回答例

目標達成能力を通してアピールする

努力して苦手を克服したことをアピール

TOEICのスコアを2倍以上に上げたことです。私は、大学入学時に受けたTOEICのスコアが400点でした。グローバル化が進む社会で英語力は必須だと考え、大学在学中にTOEIC 800点を目標に定めました。3年次以降も英語に関する授業を選択し、○○外国語大学の英語サークルに入部するなど努力した結果、目標を上回る850点を獲得。御社でも地道な努力を重ね、目標達成していきたいです。

回答についてのアドバイス

目標を数値化して説明しているため、努力が伝わりやすいです。取り組む中で難しかったことなども述べるとよりよいでしょう。

インターンを通して目標達成したことをアピールする

私が学生時代頑張ったことは、長期インターン先の企業で目標としていた「お客様接客アンケート」で1位を取ったことです。社会人としての責任と必要な接客スキルを学ぶ中で、お客様の視点で何が望まれているのかを予測する重要さを学びました。叱られたことに対し、理由を考え二度と同じ過ちはしないなどの課題を自分に課して努力を重ねた結果、アンケート1位という目標を達成できました。

回答についてのアドバイス

長期インターンで学んだことが簡潔にまとめられています。接客時にどのような行動を意識していたのかを述べるとよりよいでしょう。

パターン別 回答例

リーダーシップやチャレンジ精神を通してアピールする

サークルでの役割を通してリーダーシップをアピールする

卓球部の部長として、チームの一体感をつくり上げたことです。個人戦、ダブルス戦と目標が異なっており、部としての大きな目標を定めることで、チームワークづくりに努力しました。1人1時間ずつ思いを聞き、課題を整理した上で、全員が納得できる目標が定まりました。部員一丸となって目標に向かい、都大会ベスト8まで進みました。御社でもさまざまな課題に向き合い解決し結果を出していきたいです。

回答についてのアドバイス

チームの方向性を示すことでリーダーシップを発揮しています。チームをまとめる際の苦労なども説明できるとよいでしょう。

ゼミ活動を通してチャレンジ精神をアピールする

私が頑張ったことは、ゼミ活動でのフィールドワークです。地方創生に取り組んでいる行政にアポイントを取るのは初めてでしたが、私たちのプランを説明に行きました。プランに疑問を持つ方もいたため頓挫しかけたのですが、問題点を聞いて企画を練り直し、再度提出。直接意見を伺い理解を深める中で、お互いが納得するプランができ、充実したフィールドワークを行うことができました。

回答についてのアドバイス

信頼を得るために重ねて足を運びプランを練っていく姿が印象的です。訪問する際に意識していたことを述べるとよりよいでしょう。

自己紹介・自己PR 21

学生時代に取り組んだことについて、なぜ取り組んだのか教えてください

面接官はココが知りたい

- 就活生のモチベーションの源泉を知りたい
- 就活生の人柄や価値観を深く知りたい

理由

就活生がどのようなことに関心を持ち情熱を注ぐことができるのかを知り、どのようなことがやる気につながるのかを推測しています。取り組んだことの理由を通して就活生の価値観を深く知ることで、自社の価値観との相性を見極め、早期退職を防ごうとしています。

攻略ポイント

結果ではなく、取り組んだ過程を丁寧に述べ、自身のモチベーションの源泉を理解してもらうことが大切

回答の流れ

❶ なぜ取り組んだのか、理由を具体的に述べる

自分の関心事が何かを伝え、どこに魅力を感じ、なぜ取り組んだかなどを具体的かつ簡潔に、冒頭で述べます。

❷ 取り組んだことの過程を順序よく伝える

どのような目的に対して、どのようなことを行ったのか、過程を順序よく述べると面接官に自分の価値観が伝わりやすくなります。

❸ 取り組みを通して何を学んだかをアピールする

「○○大会優勝」など結果を強調するのではなく、学んだことを述べ、それが志望企業の理念と合っていることをアピールします。

模範回答例

大学時代取り組んだことは、登山です。❶もともと達成感を味わえる登山が好きで、本格的に挑戦したいとワンダーフォーゲル部に所属しました。❷一段階ずつ難しい山に挑戦し、今年は○○山の登頂を目指しました。入念な下準備と体力づくり、天候やルート確認をしっかり行いました。少しの油断がケガや命に関わるからです。しかし、難しい山ほど、制覇したときの喜びはひとしおです。登山を通して、❸準備の大切さと難題をクリアする達成感と喜びを感じています。

回答についてのアドバイス

「難しいことでも一歩ずつ確実にステップを踏み、達成できる人」という印象が伝わります。この粘り強さや計画力は入社後の仕事にも活かされる、と面接官に思わせることができます。また、難しい山を登る際の工夫なども述べるとよいでしょう。

Point まずは、「主体的」な取り組みを選ぶこと

面接官が取り組んだことの理由を聞くわけは、就活生の人柄や価値観を深掘りしたいからです。取り組んだ内容で就活生の関心事はわかりますが、理由を聞くことでもう一歩深いところまで就活生のことを知ろうとしているからです。エピソードは、「先輩が掲げたコンクールの金賞に向けて頑張った」という受動的な取り組みよりも、「自ら目標を金賞に定めて努力した」という主体的な取り組みを選び、志望企業の理念に結びつくような自分なりの理由を具体的に考えていきましょう。特別なことでなくても、例えば大学院生の場合、自身の研究に取り組んだ理由でも、企業の求める価値観とマッチしているならば十分アピールできます。

自己紹介・自己PR 22

取り組みにおける目標とその目標を設定した理由を教えてください

面接官はココが知りたい

- 就活生の志の高さを知りたい
- モチベーションの源泉を知りたい

理由

目標内容が自社の目指すものと関連しているのかを見極めています。例えば人材派遣会社は「人の役に立つ」ことを理念に掲げている場合が多く、それに紐づく目標であればマッチ度が高いと判断できるからです。高い目標設定を掲げて努力できる人物かも見ています。

攻略ポイント

なぜその目標を掲げたのか、面接官が共感できる理由を述べ、志の高さや結果、得た学びをアピールする

回答の流れ

❶ どのような目標を設定したのかを述べる

「目標設定は○○大会の優勝です」のように具体的にレベルを述べ、高い目標を立てて取り組んだことを伝えます。

❷ 理由や工夫を話すことで自分の人柄を伝える

「こういう理由でこの目標を設定した」「このような工夫をした」と具体的に述べ、自分の性格や人柄、努力できる人物であることをアピールします。

❸ 結果や学びを通して得た強みをアピールする

目標設定をして努力した結果や得たことを伝えると、志望企業でも強みとして役立ちそうだと想像してもらいやすくなります。

模範回答例

❶ゼミで毎年参加しているビジネスコンテストで優秀賞を目指しました。それまで書類審査でさえも突破できなかったのですが、❷目標を高くすることで、自分も含め皆の真剣度が増すと考えたのです。最大限に努力した結果を確かめたい気持ちもありました。過去提出したプランを徹底分析して弱点を見つけ、既存プランとの差別化を図り何度も練り直しました。優秀賞は逃しましたが、❸書類審査を通過し初のプレゼンに進みました。目標設定の高さと分析力のおかげだと思います。

回答についてのアドバイス

高い目標を目指し努力する姿から「向上心」をアピールできています。また、過去の資料から弱点を見つけるなど、分析力の高さも伝わります。数字、実績など具体的な事実やゼミ活動における自身の役割も述べると、なおよいでしょう。

要チェック 無理をせずオリジナリティあるエピソードを

高い目標を掲げる就活生が好印象であることは間違いありませんが、意識するあまり誇張するのはよくありません。例えば、サークルの部員獲得で実際は20名だったのに「目標とする50名を集めた」と盛って話してしまうなどです。「このときはどうでしたか」「こうした理由は何ですか」など、深掘りされるとつじつまが合わなくなり、誇張していたことがばれて評価が下がってしまいます。思い浮かばない場合は無理をせず、過去の自分の強みを活かした経験や、努力した経験を書き出してみてください。なぜ努力しようとしたのか、そのとき自分の強みがどう役立ったかなど、自己分析を深めていくことで、オリジナルのエピソードが作成できるはずです。

自己紹介・自己PR
23

人生における最大の困難について教えてください

面接官は
ココが
知りたい

- 目標に向かって努力した経験があるか知りたい
- どのように乗り越えたのか知りたい

理由

大きな困難にぶつかった就活生は、解決のため目標を立て主体的に行動できると、面接官は考えています。困難にどう立ち向かったのかを知ることで、就活生の人間性や思考プロセスがわかり、入社後の働き方をイメージすることができるからです。

攻略ポイント

どのような困難か、どう乗り越えたのかを具体的に述べ、仕事をする上で困難な場面に直面しても対処できることをアピールする

回答の流れ

❶ 困難だったことや程度をわかりやすく冒頭で述べる

「困難だったことは○○です」と結論から話し始め、困難な状況と程度を、面接官が理解しやすいように説明します。

❷ 工夫したことを通して自分の乗り越え方を伝える

困難にどう向き合い、どう対処したのかは、人間性や思考プロセスを理解してもらうための大事な部分です。工夫したことなどを具体的に正確に伝えましょう。

❸ 結果や学んだことをアピールする

乗り越えた結果はどうだったのか、そこから得た学びは何かを伝え、仕事上で困難があったときも乗り越えられる姿勢をアピールします。

模範回答例

人生における最大の困難は、❶学生団体で企画していたボードゲーム大会が台風により中止になりかけたことです。❷「中止でなく延期にしたい」ということを、残された2時間の中で、関係する20団体に打診していくことにとても苦労しました。メンバー全員が、同じ空間で集中的に電話をかけて交渉していくことで、すべての関係団体に延期を了承してもらうことができました。❸最後まで諦めず助け合うことで困難を乗り越えられることを学びました。

回答についてのアドバイス

回答例では、周囲を巻き込みながら臨機応変に対応する力をアピールしています。柔軟な対応力は入社後の仕事にも活かされる、と面接官に思わせることができます。交渉する際に難しかったことや意識したことも述べるとよりよいでしょう。

Point 要因によってアピールポイントが異なる

困難な出来事は、その要因によってアピールポイントが異なります。例えば、模範回答例のように、外部環境による困難の場合、乗り越えた経験を語ることで、適応力や忍耐力をアピールできます。このほか、「E判定の大学に合格した」など自己で乗り越えた困難の場合は、持続力や目標達成力を、「部活動でチームを1つにまとめるのが難しかった」という人間関係の困難の場合は、コミュニケーション能力やリーダーシップをそれぞれアピールできます。志望企業が望む人物像に照らし合わせて、エピソードを考えてみましょう。また、エピソードの中に、「50点から90点に上がった」など、具体的な数値を入れるとより説得力が増します。

自己紹介・自己PR
24

あなたは集団や組織においてどのような役割・立場を担うことが多いですか

面接官は
ココが
知りたい

- チームワーク能力があるか知りたい
- 自社でどのような活躍ができるか知りたい

理由

面接官は、集団内でのポジションだけではなく、集団の中で何をしたか、何に貢献できたかを知ろうとしています。「リーダーとしてチームを引っ張った」「調整役として意見をまとめた」などの経験を聞くことによって、組織内でどのような貢献ができるのか推測しています。

攻略ポイント

企業はチームで働くのが基本。志望企業が求めるチームワーク能力を正しく理解し、一員として貢献できることを伝える

回答の流れ

❶ 求めている人材を理解して役割を述べる

「強いリーダーシップ」を求めている企業に「仲間をフォローする役割」をアピールしても低評価につながってしまうため、マッチしているか確かめてアピールします。

❷ 役割の内容を具体的に説明する

「調整役として皆をまとめた」のように抽象的な表現では職場での自分の役割をイメージしてもらいにくいので、具体的に述べることが大事です。

❸ 仕事上での再現性を意識して話す

「このポジションで活躍してくれそう」と面接官が想像しやすい学びを話し、アピールします。

模範回答例

❶私は集団の中ではサブリーダー的な役割を担うことが多いです。ドイツでの短期留学中に、現地学生と日本人留学生がお互いの文化を紹介するイベントを立ち上げました。❷私は留学生側のサブリーダーとして、合同会議の日程調整や各ブースの進捗管理、メンバーへの仕事の割り振りなどを担当し、メンバーの統率に努めました。両国学生の理解が深まりイベントは大成功、達成感を味わいました。❸リーダーをフォローしながら的確に動いていくサブ的役割の大切さを実感しました。

回答についてのアドバイス

実体験をもとに集団内での役割を説明しているため説得力があります。サブ的役割の「リーダーをフォローしながら」に沿ったエピソードがあるとよいと思います。また、なぜサブリーダーを担うことが多いのか、その理由も述べるとよいでしょう。

Point 役割についての質問パターンはさまざま

役割については、パターンを変えて似たような質問をされる場合があります。「サークルではどのような役割で活動したか」「リーダーかサブリーダーか、どちらのタイプか」「その役割についた過程は?」などです。似たような質問も想定して準備しておきましょう。

• 職場での役割をイメージしてみる

役割について話すときは、「この会社で自分のこういう強みが役立ちそう」「この職種でこういう役割なら自信がある」など、志望企業や実際の職種をイメージしながら具体的に語ることで、面接官への説得力が増します。

自己紹介・自己PR
25

リーダーシップを発揮した経験はありますか

面接官は
ココが
知りたい

- 自社に貢献できる能力があるか知りたい
- 就活生の人柄を知りたい

理由

自社が求めるリーダーシップ像と合っているか、就活生の持つ能力が自社の利益に貢献してくれそうかを見極め、マッチ度を測ろうとしています。また、リーダーシップの経験を通して、考え方や取り組む姿勢などを知ることで、就活生の人柄が自社に合うかも見ています。

攻略
ポイント

役職だけではなく、企業に貢献できる思考力や行動力があることを、自身の人柄とともにわかりやすく伝える

回答の流れ

❶ 自分が考えるリーダーシップを定義する

リーダーシップの捉え方には個人差があります。経験から導き出したリーダーシップ像を語ることで、自分の人柄が面接官に理解してもらいやすくなります。

❷ 志望企業との相性を意識して具体的に述べる

企業が望むリーダーシップを正しく理解した上で、取り組む過程、工夫や結果などを具体的に説明すると、面接官の共感を得やすくなります。

❸ 入社後のリーダーシップ像を想像させる

面接官が、「このような場面ではこのようなリーダーシップを発揮するだろう」と想像できるようアピールします。

模範回答例

❶リーダーシップとは、目標を決めて団結力を高めることだと考えます。私は大学１年のときに軽音楽部に入りましたが、好きなジャンルごとにグループ化していてまとまりがありませんでした。そこで❷１年という中立的な立場から、音楽イベントに参加することを提案。課題曲に合格しないとイベントに参加できないことから、出場を目指して全員で練習するうちに団結力が高まり、合格することができました。❸全員で目標を定めることが団結力、成功につながると実感しました。

回答についてのアドバイス

リーダーシップの定義に沿って実体験を述べているため説得力があります。チームの方向性を示し組織力を高めた経験は、入社後の仕事でも活かされるだろう、と面接官に思わせることができます。取り組みで苦労したことも述べるとよいでしょう。

Point 「自分らしい」リーダーシップを語ろう

リーダーシップの捉え方は、模範回答例のように「目標を立てチームをまとめる力」のほか、「チームの意思を決定する力」「問題を冷静に分析し解決する力」「困難な状況を乗り越える力」などが考えられます。気をつけたいのは、部活動の部長経験など役職に固執してしまうこと。自分らしさが希薄になり、面接官の印象に残りづらくなるからです。学年が上がれば部長経験者も増えてくるので、経験に基づいた具体例を自分の強みと絡めて語り、他の就活生との差異を意識することが大事です。どのような場面でどのような問題があったか、どう考え、どのようなリーダーシップをとったか、工夫したことは何か、結果どうなったかを具体的に答えられるようにしておきましょう。

自己紹介・自己PR 26

成功体験について教えてください

面接官はココが知りたい

- 就活生の価値観や考え方を知りたい
- 就活生の能力を知りたい

理由

なぜそれが成功体験なのか、成功するためにどのような努力をしたのかを知ることによって、就活生の価値観や考え方が顕著に出ると面接官は考えています。自社とのマッチ度を測るとともに、成功体験そのもののレベルを把握することで自社での活躍を推測しています。

攻略ポイント

成功するまでの過程を具体的に述べることで、自身の強みや価値観を理解してもらい、職場でも活かせる能力であることをアピールする

回答の流れ

❶ 面接官が理解しやすい成功体験を話す

冒頭で、自分にとっての成功体験をわかりやすく簡潔に述べます。面接官が理解しやすい例がよいでしょう。

❷ 過程や取り組む姿勢を具体的に述べる

成功するまでにどのような困難があったのか、どう向き合ったのかを具体例とともに丁寧に説明し、自分の良さが面接官に伝わるように話します。

❸ 成功体験で得た能力、学びをアピールする

どのような結果を得たか、それによって得た能力や、学んだことを伝えます。職場での活かし方につなげるとより評価が上がるでしょう。

模範回答例

私の「成功体験」は、❶苦手だった英語を克服したことです。英語力のなさを強く感じ、一念発起し1年間カナダに語学留学しました。寮生活では❷日本語禁止で、周りの会話についていけず挫けそうになりましたが、毎日授業に参加し他の留学生とも意識してコミュニケーションをとっていくうちに、英語環境に慣れ、会話に困ることもなくなりました。❸苦手でも得意に変えられることを学び、TOEICの点数は800点近いです。御社でも英語を活かせる部門で活躍したいです。

回答についてのアドバイス

「苦手なことでも挫けずに努力できる人」という印象が伝わります。この忍耐力や精神力は入社後の仕事にも活かされる、と面接官に思わせることができます。また、英語力を活かせた場面など、その先の成功体験も述べるとよいでしょう。

Point 成功体験が見つからない場合は?

面接官は、就活生の「ものすごい」成功体験を聞くことだけが目的ではありません。大小にとらわれず、学習、部活動、アルバイト、趣味など身近なところで探してみてください。エピソードが見つからない場合、例えば、成功とまではいかなくても、「うまくいった体験」はありませんか？　また、困難を乗り越えた体験、何かをやり遂げた体験、人から注目された体験など、成功ではないけれどもそれらに置き換えてみることでエピソードが見つかるかもしれません。面接官は、成功体験のレベルだけでなく、目的を持ってやり遂げられる人物であるかも見ているからです。やり遂げた結果得た学びが、志望企業の求める能力や価値観と合っていればOKです。

自己紹介・自己PR
27

最大の挫折経験について教えてください

面接官はココが知りたい

- 挫折からの立ち直り方を知りたい
- 挫折に対して耐性があるか知りたい

理由

挫折経験がある就活生は、目標を掲げて真剣に打ち込み長期間努力した経験があると評価できます。挫折の受け止め方、乗り越え方、何を学んだかを聞くことで、就活生の性格を見極めています。仕事では挫折経験も多くなるので、メンタルの強さも確認したいからです。

攻略ポイント

挫折内容と乗り越えた経験を通して、目標に向けて努力できること、失敗しても学びに変えられることを伝える

回答の流れ

❶ 自分の挫折経験を冒頭で簡潔に述べる

いつ、どのような場面かを具体的に初めに述べます。どのようなことが自分にとって挫折だったかを、面接官が想像しやすい例を選びましょう。

❷ どう乗り越えたか具体的に述べる

挫折したときの思い、理由、向き合い方、乗り越え方を丁寧に説明することで、面接官に共感されやすく、自分の人物像も伝えられます。

❸ 失敗を学びに変えられることをアピールする

仕事で挫折してもこの体験のように乗り越えられる、と面接官が想像できるような学びをアピールしましょう。

模範回答例

❶高校2年のとき、中・高と続けてきた柔道部の試合で初めてレギュラーになれなかったことです。❷原因は、好成績に慢心し、練習が疎かになっていたことでした。落ち込み、猛省した私は、毎日の課題を決めて徹底して練習するようになりました。本気度が仲間にも伝わりお互いに切磋琢磨したことで皆がレベルアップし、引退試合では再びレギュラーに選ばれ、地区大会3位の成績を残すことができました。挫折を経験したことで、❸慢心せず努力し続ける大切さを学びました。

回答についてのアドバイス

慢心していたことを反省し練習に打ち込む姿からは持ち前の素直さが伝わります。仕事においても現状に満足せず努力し続けてくれる、と面接官に思わせることができます。挫折を乗り越えた際に意識していたことも述べるとよいでしょう。

Point 大きな挫折でなくてもよい

「挫折なんて大きな経験はしたことがない」という就活生もいるかもしれません。その場合は、「自分が思い描いていた結果」と「実際の結果」が違った経験がないか考えてみましょう。なぜ思い描いていた通りにならなかったのか、そこからどう反省し、何を学んだのかを整理できれば、大きな挫折経験でなくてもよいのです。面接官は、自分自身を客観的に観察し、失敗の経験を次に活かせるかどうかを重視しているからです。また、小・中学校時代の古いエピソードは避けたほうが無難です。「高校・大学時代は、目標を持って努力してこなかったのか？」と、評価を下げる可能性があるからです。

自己紹介・自己PR 28

休日の過ごし方について教えてください

面接官は ココが 知りたい

- 就活生の人柄を知りたい
- ストレスをうまく発散できるか知りたい

理由

リラックスできる質問で就活生の素を出しやすくし、人柄を見極めようとしています。どんなことに関心を持っているのか、またアウトドア派か、インドア派かなどおおまかに知ることで、自社の社風に合っているかを確かめています。ストレス耐性があるかも推測しています。

攻略ポイント

飾らず生き生きと話すことを意識し、自分の人柄や、ストレス発散の方法を持っていることをアピールする

回答の流れ

❶ 充実していることが伝わるように話す

表情や話し方を意識して、楽しんでいることが伝わるように話します。長く続いている習慣であるなど、アピールできることがあれば伝えましょう。

❷ 理由を述べることで人柄や価値観を伝える

「○○のように過ごすのは△△だから」と理由を具体的に述べることで、価値観が伝わりやすくなり、企業との相性を推測してもらえます。

❸ ストレス発散できていることをアピール

オン・オフの切り替えができており、入社後もストレスと上手に付き合っていけることをアピールします。

模範回答例

❶休日はダンススクールに通っています。小学生のころから継続している趣味で、❷休日に思い切り体を動かすとよい気分転換になります。ダンスをしている間は集中力が高まり無心になれて、終わった後は頭がスッキリします。レポートや試験勉強で忙しい時期は肩こりや腰痛に悩まされるのですが、これもダンスで解消されます。❸就職してからも、休日は、心身ともにリフレッシュできるダンスを続けていきたいと思っています。

回答についてのアドバイス

長期にわたって1つのことに打ち込んでおり、いまでもダンスを頑張っている姿から継続力をアピールすることができます。また、ダンスが好きな理由として「心身ともにリフレッシュできる」と説明しており、ストレス耐性があることも伝わります。

要チェック 会話を弾ませて、次の質問に弾みをつける意味も

「休日の過ごし方」について面接官が聞くのは、「場を和ませるため」という理由もあります。就活生の緊張をほぐすため、答えやすい質問として最初にすることもあるくらいです。うまく緊張が解けたところで、志望動機や自己PRといった質問に進むこともあります。また、面接官が「自分も○○をしている」と共通する過ごし方の場合、さらに会話を弾ませられるかというコミュニケーション能力を測る意図もあります。リラックスできる質問の場を用意してくれたと認識し、「○○をして楽しんでいます」と具体的な過ごし方を回答できるよう準備して、次の質問に弾みをつけましょう。ただし、会話が盛り上がったとしても中身が薄い内容では、軽率な印象を与えてしまう恐れがあるので注意しましょう。

自己紹介・自己PR 29

最近気になったニュースはありますか

面接官はココが知りたい

- 就活生の関心・興味が何かを知りたい
- ニュースに対する意見・考え方を知りたい

理由

面接官は、「こういうことに関心があるのならこういう仕事で頑張れるのではないか」と推測し、就活生のモチベーションの源泉を探ろうとしています。また、ニュースをどう捉えているかを聞くことで、論理的思考力があるかも見極めようとしています。

攻略ポイント

社会性、人間性が問われる質問。問題意識を明確にして、論理的に簡潔に述べ、自分の興味・関心を伝える

回答の流れ

❶ 要点を絞り簡潔に述べる

ニュースの中で最も伝えたい内容はどこかを絞り、冒頭で面接官が予測しやすいよう簡潔に述べます。

❷ 自分なりの意見や考えを盛り込む

なぜそのニュースが気になるのか、理由や考え方を具体的に述べることで自分の関心や価値観を理解してもらい、わかりやすい説明を心がけ、思考力もアピールします。

❸ 志望業界と結びついた内容をアピールする

「この部門でこういう活躍がしたい」と具体的にアピールできると、業界への志望度の高さが伝わり、面接官の印象に残りやすくなります。

模範回答例

私が気になっているニュースは、❶過熱する携帯電話料金の値下げに関してです。若者から高齢者まで多くの人が携帯電話を利用する時代になったため、❷携帯電話料金の値下げ自体は喜ばしいことですが、一方で「新プランの利用方法が難しい」「料金形態が複雑になった」という声も聞かれます。利用者視点の理解しやすいアプローチがもっと必要なのではないかと感じています。❸自分が営業担当になったら、常にお客様のニーズに沿ったわかりやすい説明を心がけたいです。

回答についてのアドバイス

時事ニュースを営業担当の視点から簡潔にまとめられています。お客様視点で考える、という営業担当に求められる素養を押さえているため面接官にアピールすることができます。お客様のニーズを掴むための工夫まで述べるとなおよいでしょう。

Point 複数用意しておくと安心

同じ業界を志望する者同士、気になったニュースが重なる場合も十分予測できます。個人面接の場合は問題ありませんが、集団面接の場合など、慌てないようにもう1つ気になったニュースを用意しておくと安心です。もちろん、同じニュースでも一人ひとり考え方・捉え方が違うのですが、より差異を強調しないと面接官の印象に残りにくくなってしまいます。日頃から最低限のニュース、新聞の社説、知識人のコラム、コメンテーターの見解などにも目を通し、志望業界のニュースはチェックしておきましょう。業界用語の理解を深め、気になったニュースに対し、自分の考えをしっかり話せるようにまとめる習慣をつけておくことが大切です。

自己紹介・自己PR
30

これまでにやりがいを感じたときはどのようなときですか

面接官は
ココが
知りたい

- 向上心があるか知りたい
- 仕事内容にやりがいを持って働けるか知りたい

理由

就活生がこれまでにやりがいを感じた瞬間を問うことで、自社とのマッチ度を測り、ミスマッチを防げると面接官は考えています。具体的なエピソードを通じて、就活生の仕事に対する姿勢を見極め、向上心があるかを推測しています。

攻略ポイント

面接官が共感しやすいエピソードを具体的に語ることで、自分の価値観と会社の社風とが合っているかが伝わるようにする

回答の流れ

❶ やりがいを感じるときを簡潔に説明する

これまでの経験でやりがいを感じた物事を考え、冒頭で簡潔に説明します。

❷ 具体的なエピソードを伝える

なぜやりがいを感じたのかを整理して具体的に伝え、自分のやりがいに対する価値観が伝わるように話します。

❸ 入社後にどのように活躍できるかをアピールする

エピソードで伝えた価値観が志望する会社で活かされ、やりがいを持って働けることをアピールします。

模範回答例

❶私は自分で考えた工夫によって、みんなの役に立てたと実感したときにやりがいを感じます。大学生のときに、営業事務のアルバイトをしていました。営業事務では、どれだけ忙しくても高い正確性が求められます。❷そこで、自分なりにマニュアルをつくってみたところ、効率よく業務が進むようになり、それを共有することで、社内全体の業務の効率化に成功しました。❸入社後もこの経験を活かし、御社の役に立てるよう精進したいと思っています。

回答についてのアドバイス

仕事のどこにやりがいを感じ、向上心を持って働けるかどうかを具体的なエピソードを交えわかりやすく説明することができています。なぜ営業事務のアルバイトをしようと思ったのかを聞かれることもあるので、準備をしておきましょう。

要チェック 入社後のミスマッチを防ぐために

会社は、自社でやりがいを持って働けるかを確かめるために、やりがいを感じるときについて質問しています。例えば、「仕事のやりがいは、お客様からありがとうと言われること」と答えたとします。たしかにお客様からのありがとうは、やりがいになる納得性の高い答えですが、もし会社の現在募集している仕事内容が、お客様との接点のない仕事内容だったとしたらどうでしょうか。会社の求めている人材と、マッチングしていないと判断されるかもしれません。そのため、営業職（販売職）であれば、「売上目標を達成したときにやりがいを感じる」というように、応募した会社の事業内容や受ける職種によって変えるようにしましょう。

自己紹介・自己PR
31

自分を「もの」にたとえると何ですか

面接官は**ココが**知りたい

- 自己分析ができているか知りたい
- 対応力があるか知りたい

理由

自分に合った「もの」にたとえられる就活生は、自分を客観的に見ることができると面接官は考えています。その結果、企業選びがきちんとできているかを判断し、自社との相性がよいかを推察できるからです。想定外の質問で、就活生の発想の瞬発力や柔軟性も見ています。

攻略ポイント

「もの」や理由が自分に合ったものであることを面接官に伝え、深い自己分析ができていることをアピールする

回答の流れ

❶ 自分の特徴を的確に表すものにたとえて人柄を説明する

自分の人柄とマッチするものを探し、面接官に自己分析ができていることをアピールします。身近なものを選ぶと面接官が想像しやすくなります。

❷ 他人の評価を入れて客観性があることを伝える

「ほかの人にどう見られているか」を入れると自分の長所が理解されやすくなり、客観視できていると評価されます。

❸ 特徴をどう活かしたいかアピールする

きちんと自己分析でき、自分の特徴を理解していることをアピールし、職場で「こうしたい」という姿勢まで語れると面接官の印象が上がります。

模範回答例

自分を❶ものにたとえるなら、塩だと思います。塩だけでは主役になりませんが、料理を引き立ておいしくする、なくてはならない存在です。私はチームのリーダーとして表舞台に出るのは苦手ですが、❷メンバーが動きやすいようにサポートしていくのが得意で、ゼミやサークルでは「○○さんがいないと困る」と言われています。なので、私も塩のようにチームに必要不可欠な存在だと思っています。入社後も❸ほかの社員が力を発揮できるよう支えられる存在でありたいと考えています。

回答についてのアドバイス

ゼミやサークルなどでの実体験をもとに集団内での役割を説明しているため説得力があります。また周囲の声も織り交ぜており、自身を客観視できていることが伝わります。なぜサポート役が得意なのか、その理由も説明できるとよいでしょう。

Point さまざまなたとえにも対応できる回答を

就活の面接では、変わった質問が出されることもあります。面接官は、予想外の問いにどう答えられるか、就活生の臨機応変さも見ていますので、動揺してまごつかないことが大切です。「もの」にたとえるだけでなく、「動物にたとえたら」「色にたとえたら」など、類似の質問の場合もあります。さまざまなバリエーションに対応できるよう、具体的な指定があってもあわてないように、自分の特徴や長所、アピールできる部分とマッチしたたとえを探して回答できるよう準備しておきましょう。自分の短所をたとえるのはもちろん、性格や見た目と一致しないたとえは、面接官の心証が悪くなるので注意が必要です。面接の場では口調や表情などエントリーシート（ES）では伝わらない要素を注視されているからです。

志望動機 32

当社を志望した理由を教えてください

面接官はココが知りたい

- 志望の本気度や展望を探りたい
- 社風や理念と合うかを知りたい

理由

企業は基本的に志望度の高い就活生を採用したいもの。とはいえ、業務適性がなければ元も子もありません。就活生の志望動機の背景にある軸と自社の社風や理念との間にズレがないかをチェックし、内定辞退や早期退職を防ぐのが狙いです。

攻略ポイント

軸を確立するには業界＆企業研究が不可欠で、なぜその業界＆企業を選んだのかを明確に伝える

リサーチポイント

A　将来のビジョン

自己分析から将来像を描き、背景となるエピソードを探す

自分の価値観や特性を形成したエピソードを交えつつ、どんな働き方や社会人像を目指しているかを説明

B　業界＆企業研究

業界内のポジションから会社の特徴を把握する

その企業の得意分野を志望動機と絡めて、自身の価値観や性格とマッチしていることをアピール

C　目標設定

入社後にどういうことをしたいか、キャリアプランを定める

将来ビジョンを実現するために、その会社でどう活躍できるかをイメージしてもらい志望度の高さを強調

模範回答例

交流や行動の起点を増やすことで、Ⓐ人々の日常に喜びや感動を提供したいと考えます。地元の街に商業施設やマンションが新しく建設されたことで変化が生まれ、活性化したことに高揚感を覚えました。この経験から、Ⓑ街づくりによって地域の経済発展に貢献し、人々の生活に影響を与えるデベロッパーに魅力を感じています。特に御社は不動産関連の様々な事業のほか、例えばⒸ店舗とECを一体化した○○など、新事業への挑戦にも積極的です。御社であれば、人々の日常に刺激を与え生活を豊かにできると考え、志望しました。

回答についてのアドバイス

業界に興味を持った背景や企業の志望理由が簡潔にまとめられています。また、具体的な事業内容にも触れており企業研究をしていることも伝わります。入社後にどのような仕事に携わりたいか、自身の将来像について説明できるとよいでしょう。

レベルUP まずは企業研究から取りかかろう

就活サイトや企業のWEBサイト、書籍、OB・OG訪問、加えて社員ブログやSNSも活用しての企業&業界研究が大事です。まずは入社したい企業の研究からスタートします。本当に入社したいのか、事業内容や社風にふさわしい自己PRはどうすべきか、続いて業界研究は志望企業の業界内の位置づけ、業界トップ企業&ライバル企業、対象市場を取り巻く環境の変化などについて、考えを深めましょう。ターゲット企業を決め打ちしてから調べを広げていきます。

SNSを利用して人脈を広げる就活生も少なくありませんが、得た情報をネットにアップするのは厳禁!!

パターン別
回答例

企業選びの軸に照らし自分をアピール

社会と生活を支える仕事がしたい

チームを支えた経験から、企業選びの軸は「人の生活を支える仕事がしたい」です。日本社会と人々の暮らしを支えるという点において、御社は大きな影響力を持つ企業であると考えます。例えば御社のガス分野は、カセットコンロといった生活用品から産業用ガスまであらゆる場面に製品を展開しており、エネルギー供給を海外からの輸入に頼る日本社会において不可欠の存在と感じ、志望します。

回答についてのアドバイス

自身の持つ軸と企業の仕事がマッチしており説得力があります。その企業でなければならない理由を説明できると、なおよいでしょう。

刺激的な環境で力を発揮するタイプ

刺激的な環境に身を置くと力を発揮するタイプなので、それを業界や企業選びの軸としました。まず自動車業界全体が変革期にあること、そして数ある自動車メーカーの中でも特にグローバルな環境が整っており、電気自動車や自動運転など他社に先駆けて先進技術の実現を成し遂げてきた御社なら、やりがいを持って仕事に打ち込め、私の力を必ず発揮できると考え、御社を志望いたします。

回答についてのアドバイス

業界や企業の特徴を押さえて簡潔にまとめています。刺激的な環境においてどのような力を発揮したのか具体的に述べるとよいでしょう。

パターン別 回答例

仕事に関連させて能力・適性をアピール

「お客様第一」の精神を体現できる

御社の「お客様第一」の精神に魅力を感じました。保険を売るだけでなく、その後も関わり、支えることができる点に惹かれています。MY チャンネルの映像や先輩訪問会を通じて、社員の方々にとってアフターフォローの精神は共通認識であると感じました。塾講師として生徒・保護者の悩みや不安を解消し、感謝された経験をもとに、御社ではお客様の不安や悲しみを拭うために働くことができます。

回答についてのアドバイス

自身の持つ精神と志望業務がマッチしており適性を感じます。また動画視聴や社員訪問など、その企業に対する熱意も伝わります。

特性を活かし仕事で夢を実現する

私の夢は「新たな価値を創造すること」です。御社の、時代を先見し石油事業にとどまらない幅広い事業展開、世界のニーズに応えるべく加速度的なグローバル展開、という点に成長性を感じました。御社であれば、外国人とのコミュニケーションや課題への挑戦を苦にしない自分の特性を活かし、新たな価値を創造する仕事ができると考え志望しました。

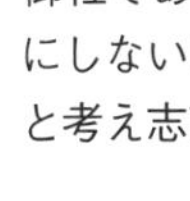

回答についてのアドバイス

自身の特性をその企業で直接活かせることが伝わります。また、将来の夢を抱いた背景を具体的に説明できると、なおよいでしょう。

志望動機 33

当社を知ったきっかけは何ですか

面接官はココが知りたい

- 自社のどこに興味を持ったのか知りたい
- 就活生の志望度や熱意を知りたい

理由

企業イメージに惹かれた就活生と、企業理念に惹かれた就活生とでは、後者のほうが「きちんと企業研究をした上で志望しているのでマッチ度が高い」と見ています。きっかけから志望へ至る過程も知ろうとしています。

攻略ポイント

志望するまでの過程を説明し、企業理念と自分の価値観が合致した具体例を挙げ熱意を示す

リサーチポイント

業界研究

A

同業他社と違う魅力を探す

志望する企業や業界の中で優れている点、自分が魅力に感じた点を明らかにするため

企業研究

B

自分の目指していることと合致する点を探す

知ったきっかけから、どのような点に惹かれて志望するようになったかを説明するため

過去から最新までの情報を調べておく

これまでの業績、これからの展望は何かなどをくまなく知ることで、より企業の特徴や将来像が自分に合っているか明確にできるため

模範回答例

私が御社を知ったのは、受講している講義での御社のケーススタディを通じてです。御社のⒶ「業界初を目指す」姿勢に感銘を受けました。私は食品業界を中心に就職活動を進めていますが、業界の中でも御社は、Ⓑ戦後直後から海外市場へ果敢に挑戦することをはじめ、現在もグルテンフリー分野に積極的に挑戦しています。このような姿勢は、これまでの人生においてⒷ「常に挑戦すること」を大切にしてきた私の価値観と合致すると感じ、興味を持ちました。

回答についてのアドバイス

知ったきっかけを伝えるだけでなく企業の歴史や注力事業にも触れており、志望度の高さをアピールすることができます。また、自身の大切にしている価値観と照らし合わせて志望理由も説明しており、企業への熱意が伝わります。

要チェック 一般的な知名度があまりない企業に多い質問

「当社のことをどこで知ったのですか」という質問は、中小企業やBtoB企業、外資系企業など、一般的な知名度があまりない会社の場合に聞かれることが多いです。単に「知り合いに聞いた」「ネット広告で見た」だけでなく、「SDGsに取り組んでいる企業を探していた」というように、目的意識と主体性を持って「この点に注目して知った」と、その会社を知る過程を具体的に熱意を込めて答えるのが正解です。比較的答えやすい質問であるため、就活生の緊張をほぐす意図もあります。また、就活シーズンに広告を打つなど採用広報活動を行う企業も多く、単純にアンケートの一環として「どの媒体で知ったか」を知りたいという場合もあります。

志望動機 34

当社の企業理念についてどう思いますか

面接官は ココが 知りたい

- 志望度の高さや熱意を知りたい
- 自社と合う人物か知りたい

理由

自社が大切にしている価値観や存在意義をしっかり理解することは、志望する上での大前提だと考えています。企業理念と合った自分らしいエピソードを語れれば、「相性がよく活躍できる」と推測できます。

攻略ポイント

正確に理念を理解した上でどう思うか答えられるようにし、自分のビジョンとの関連性を示す

リサーチポイント

A	業界研究 同業他社との違いや優れている点を探す	志望企業が理念を遂行する上で同業他社とどこが違うのか、強みが何かを明らかにする
B	企業研究 理念を徹底研究し共感できる部分を探す	社長の言葉や創業者の著書からも企業研究を深め、マッチ度をアピールできる理由で熱意を示す
C	目標設定 理念と結びつく目標を立てる	正確に理念を理解した上での展望を語ることで、入社後の活躍に説得力が増すため

模範回答例

「地域社会の発展と顧客の幸せに貢献する」という理念に魅力を感じました。Ⓐ○○県で、一番多い顧客を持つ御社だからこそ、地域開発や創業支援を積極的に行い、地域社会に貢献できると考えています。Ⓑ創業者の言葉である「入社1年目から、主体的に経営に関わることで企業が育つ」は、大学時代の部活動方針と重なり、共感しました。入社できましたら、Ⓒ顧客に寄り添い課題を探し、希望に沿った提案ができるよう努め、故郷である○○県の発展に全力を尽くしたいです。

回答についてのアドバイス

創業者の言葉にも触れており、企業への熱意が伝わります。また将来の目標を明確にしているため、入社後は目標に向かって行動してくれる、と面接官に思わせることができます。自身の価値観を具体的に説明できると、なおよいでしょう。

Point 企業理念を深掘りしてより理解を深める

企業理念がどのように体現されているのか、深掘りすることでより理解を深めましょう。企業の沿革や歴史、事業内容を調べたり、人事担当者の対応を通して、理念がどのような形で体現されているのかを想像することができます。その上で、理念と自分の過去の経験の中で紐づけられるエピソードがないか探してみてください。理念について問われたとき、「私はこういう経験をしており、その経験からこのように思う」というように、企業理念に共感を示せれば、面接官は「当社に合っている人物」だと評価するでしょう。会社にとって重要な企業理念ですが、時代とともに再定義されることもあるので、歴史が長い企業などは変遷がないか調べておきましょう。

志望動機 35

他にはどのような業界、企業を受けていますか

面接官は
ココが
知りたい

- 就活生の就活の軸を知りたい
- 志望度の高さを知りたい

理由

就活生がどのような価値観を持って就活を行っているのか、その軸を確認しています。他社を選ぶ基準を探ることで就活生の軸がぶれていないかを確かめ、優先順位を推理し、内定後の辞退を防ごうとしています。

攻略ポイント

就活の軸と志望動機との整合性を意識し、他企業との関連性も示し、軸がぶれていないことを示す

リサーチポイント

業界研究

A	就活の軸と業界との相性を探る	「何に価値を置くのか」に基づき、「それをかなえられる業界はどこか」を探すため
	就活の軸をもとに複数業界に視野を広げる	自分の軸をはっきりさせた上で、視野を広く持ち就活に臨んでいることをアピールするため

企業研究

B	志望する企業と自分の軸との共通点を探す	自分の就活の軸に最も近い企業を探し、理由とともに説明できるようにするため

模範回答例

金融業界の○○とIT業界の△△を受けています。私は、Ⓐ「お客様が抱える課題を発見し、その課題を解決できる環境があるか」という点を就職活動の軸として据えています。Ⓐお客様の課題に合わせて柔軟にソリューションの形を変えることができるのは、金融業界とIT業界だと考えているからです。業界の中でも、Ⓑ先ほど述べた2社は、「課題をより確実に解決できる環境がある」「ソリューションの幅が広い」と感じたので選考を受けています。

回答についてのアドバイス

回答例にある2つの業界と就活の軸に一貫性があり納得感があります。一方で業界、企業の優先順位が見えず志望度が伝わらない可能性があります。そのため、選考を受けている企業と2社を比較した結果もあわせて示すとよいでしょう。

要チェック 同業他社を受けている場合の答え方

この質問には、2タイプの答え方があります。1つは同じ業界の他社を受けている場合、もう1つは模範回答例のように違う業界の他社を受けている場合です。同じ業界の他社の場合は、例えば、「新人でも挑戦させてくれるから」「海外市場に強いから」「環境問題にも取り組んでいるから」など受けている企業と理念や社風が似ているなどの共通点を伝えると軸がぶれていないことをアピールできます。その上で、志望している企業の良さや他の企業とは違う魅力を答えられるようにしておき、「中でも、○○なところが特に自分と合っている」など、第1志望であることをアピールし志望度の高さを示せるようにしておくとよいでしょう。

志望動機
36

業界内でも当社を志望した理由について教えてください

面接官はココが知りたい

- 就活生の志望度の高さを知りたい
- 企業研究がどれだけ進んでいるか知りたい

理由

同じ業界の中であえて自社を志望する理由を聞くことで、本当に入社する意思があるかを確かめています。他企業との差異を明確にした上で志望していると判断できれば、本気度・マッチ度が高いと判断できるからです。

攻略ポイント

志望企業が業界内での第１志望である理由を、自分の軸と合わせて述べ、入社への熱意を伝える

リサーチポイント

A	業界研究	就活の軸を明らかにし、マッチした業界を絞る	自分の就活軸を定め、どの業界ならば合っているか、活躍できそうかを調べるため
B	企業研究	同業他社との違い、特長を探す	同業他社よりも優れている点を探すことで企業研究が進んでいることを示し、自分とのマッチ度を強調できる
C	目標設定	どのような働き方をしていきたいかを明確にする	企業研究・訪問等で感じとった社風と、自分の理想とする働き方が合っていることをアピールできる

模範回答例

Ⓐお客様と密接に関わり、末永くお付き合いができる金融業界に関心を持ち、その中でも公共性が高く、「万事の安心」を届けることのできる生命保険業界に魅力を感じました。業界の中でも御社は、Ⓑ社会構造と商品ニーズの変化への迅速な対応のため、積極的な海外進出、自治体・他業界との連携といった先進的な取り組みを行っており、持続的価値創造に積極的であると感じたからです。Ⓒ社員の方から伺った「自由闊達な職場環境」で働き、成長していきたいと思っております。

回答についてのアドバイス

業界や企業の特徴を押さえて志望理由を簡潔にまとめています。企業の具体的な取り組みや社員訪問のエピソードなど積極的に情報収集していることが伝わります。企業理解に加えて自身の持つ価値観や就活の軸なども示せるとよいでしょう。

レベルUP 業界の中で一番合う企業を見つけるポイント

業界の中でも最も自分に合った企業を見つけるには、3つのポイントがあります。1つ目は、業界内での強みです。例えば食品業界といっても、主力商品が何かによって得意分野が異なります。2つ目は、社風・企業理念です。「保守的」「チャレンジ精神旺盛」など同じ業界でもさまざまです。3つ目は、働く人です。企業訪問時の社員の雰囲気やOB・OGの対応もそれぞれ異なります。3つを総合して考えれば、自ずと自分に一番合う企業と理由が明確になります。

整合性を確かめるため、似た質問で「当社を第１志望に考えていますか」があります。➡ p.136

志望動機 37

あなたの強みを企業・社会でどのように活かせるのか教えてください

面接官は ココが 知りたい

- 自社の利益に貢献できるか知りたい
- 自己分析ができているか知りたい

理由

自社の求めている強みと、就活生の強みが一致していない場合は、自己分析がしっかりできていないと見なされ評価が下がります。強みを「こういう場面でこう活かしたい」と具体的に述べると高評価となります。

攻略ポイント

志望する企業が求める「貢献」を正しく理解し、自分の強みと関連づけてアピールする

リサーチポイント

A　業界研究

業界の求める能力を正しく理解する

自分の強みが、業界自体が特徴的に求めている強みと一致していることを明確にするため

B　企業研究

なぜその企業を選んだのか他社との差異を探す

志望企業の目指していることや理念が、自分の強みを本当に活かせるものなのか確認するため

C　目標設定

自分の強みを活かした目標を立てる

目標を具体的に述べることで、実際の貢献度を想像してもらうため

模範回答例

私の強みは、Ⓐ商社に必須だと考える「常に課題を見つけて自発的に取り組めること」です。インターンシップにおいて、任されていた仕事だけでなく、自ら会社の魅力を伝える資料を作成し、さまざまなコミュニティに足を運び配布したことで、取引が 1.5 倍に伸びた経験があります。Ⓑ「豊かなライフスタイルづくり」を目指し、業界でも新しい課題に取り組み続ける御社で、Ⓒ自発的に潜在ニーズを見つけ出し、新規提案ができる人材になりたいと考えます。

回答についてのアドバイス

業界の求める能力を正しく理解した上で自身の強みをアピールできています。また、実体験をもとに説明しているため再現性があることが伝わります。課題を見つける際に意識しているポイントや心構えまで説明できると、なおよいでしょう。

要チェック 仕事に直接活かせるのが「強み」

「強み」と似た質問に「長所」があります。自己をアピールする点は同じですが、強みは仕事に直接的に活かせるアピール、長所は直接ではないが集団の中でなど周辺で活かせるアピールのことです。2つを混同しないように気をつけつつ「強み」を伝えることが大切です。例えば、「協調性がある」「素直である」ことは長所ではあっても企業利益には直結しません。また、「筋肉が強みです」と言っても、スポーツクラブのインストラクターならば強みになりますが、金融業界では強みになりません。業界・企業が求める強みを正しく理解しないと、的外れな回答になってしまうので、業界・企業研究はしっかり行い自分の強みとすり合わせた回答を準備しておきましょう。

志望動機
38

企業選びの軸（こだわり）について教えてください

面接官は
ココが
知りたい

- 就活生のモチベーションの源泉を知りたい
- 自社の価値観と合っているか知りたい

理由

「働く上で、何を大事にして、何を目指すのか」を聞くことで、就活生の価値観やモチベーションの源泉が何かを知り、自社と合っているか確かめています。ミスマッチを防ぎ、早期退職のリスクを減らしたいからです。

攻略
ポイント

志望する業界と会社がいかに自分の就活軸と合っているか、説得力のある回答を目指す

リサーチポイント

業界研究

A　自己分析を活かし業界を絞り込む

自分の価値観を明確にした上で、それを活かせる業界が絞れていることを示すため

企業研究

B　志望する企業との相性を確認する

理念から業務内容、主力商品まで企業研究を進めて自分との接点を探り、合っていることをアピールできる

目標設定

C　軸に沿った目標を示す

入社後の夢を話すことで、面接官に働くイメージを持たせ、志望度の高さをアピールできるため

模範回答例

Ⓐ「暮らしの課題を解決したい」、そのために「柔軟な発想で商品開発ができる」、これが私の企業選びの軸です。Ⓑ文房具が大好きで新商品は必ずチェックしていますが、昨年発売された御社のボールペン○○シリーズは画期的で、使いやすく愛用しています。Ⓑ従業員のアイデアコンペでは実際に提案作品が商品化もされたとWEBサイトで拝見しました。御社であれば、Ⓒ私の夢である、人々の生活をさらに豊かにする柔軟なアイデアでの製品開発が叶えられると思っています。

回答についてのアドバイス

企業選びの軸に沿った目標を示し、志望企業との相性やモチベーション高く働けることをアピールしています。具体的な事業内容にも触れており企業研究をしていることも伝わります。企業選びの軸の背景も説明できると、なおよいでしょう。

Point 軸を見つけて志望企業を絞るには

「企業選びの軸」を見つけるためには、自己分析が重要です。自分のやりたいこと、大切にしていること、これだけは譲れないことなどを洗い出すことで、自分の軸が明らかになってきます。企業選びの軸は1つである必要はなく、「新人でも挑戦できる」「社会に貢献できる」「得意分野が活かせる」など、むしろ複数あるのが自然です。すべての条件を揃えている企業があれば相性が最もよいと言えるでしょう。次に2つの条件を満たしている企業、というように、第2志望、第3志望と絞っていきます。軸を踏まえ、過去の経験から、「○○に喜びや楽しみを感じ、△△を大事にしている」と具体的に企業とのマッチ度をアピールすると、より面接官の共感を得やすくなります。

志望動機
39

希望する部署とその理由についてください

面接官はココが知りたい

- 就活生の志望度や熱意を知りたい
- 入社後のキャリアをどう考えているか知りたい

理由

説得力のあるエピソードを用いて答えられる就活生は、「自社をよく研究している」と評価され、相性もよいと判断されます。希望する部署と就活生の適性を見極め、活躍できそうかを推測しています。

攻略ポイント

業務内容を理解し、自分の強みと結びつけて「なぜこの部署を希望するのか」を明確に述べる

リサーチポイント

A	**業界研究** 同業他社の中で希望する業務の内容の違いを探す	志望する会社の業務内容ならではの魅力を伝え、志望度の高さをアピールする
B	**企業研究** 職種だけでなく業務内容を詳しく知る	営業職といっても、対象が個人か法人かで業務内容は異なる。正しく理解し、ミスマッチを防ぐため
C	**目標設定** 経験や強みと絡めて目標を述べる	具体的に希望職種で何をしていきたいかをアピールする。過去の成功例があるとより高評価

模範回答例

私がⒶ希望する職種は販売職です。私は洋服が好きで、高校時代からアパレルショップで販売員のアルバイトを続けています。Ⓒ高齢のお客様が多いので、質の高い商品を目立たせる陳列を提案し、売り上げに貢献した経験から、Ⓐ店舗ごとに社員のアイデアを競わせている御社に魅力を感じました。御社のⒷ主力商品である、働く女性向けの商品コンセプトを最大に活かせる販売力を磨き、Ⓒお客様の満足を得られる工夫をして担当店舗を売り上げNo.1にしたいです。

回答についてのアドバイス

部署の特徴を押さえて志望理由を簡潔にまとめています。アルバイトで売り上げに貢献した経験は、入社後に販売職として活躍してくれる、と面接官に思わせることができます。お客様の満足を得るために意識している点を話せると、なおよいでしょう。

Point 人事担当者は最適な配属先を判断している

人事部は、長期的な視点で「どの部署が合っているか」「活躍できるか」を判断し、配属先を決定します。しかし、異動や退職、事業拡大などで「多くの人材が欲しい」という部署がある場合は、新人が配属される可能性もあります。また希望部署に適していても、人員の不足がないと配属されず、次の適性部署に配属されることもあります。「こういう新人が欲しい」という部署の要望により配属されることもあるため、理由はさまざまです。たとえ希望部署に配属されなくても、人事部が考える最適な部署に配属されたのだと前向きに考えましょう。面接や内定後の配属面談で希望をしっかりと伝えられれば、部署異動の際の判断材料になるはずです。

志望動機 40

入社後に挑戦したいことは何ですか

面接官はココが知りたい

- 自社への志望度の高さを知りたい
- 自社が求める能力があるか知りたい

理由

具体的に説得力のある回答ができる就活生は、熱意があり入社の意思が固いと判断できるからです。挑戦したいことが自社の求めているものと合っているかを確かめ、ミスマッチによる早期退職も防ごうとしています。

攻略ポイント

自己分析、企業研究を通してマッチ度を確認し、自分の強みを活かして挑戦したいことを具体的に述べる

リサーチポイント

A	**業界研究** 業界を絞り込み、企業の特徴を見つける	挑戦したいことを明確にしたうえで、より挑戦できる環境である企業を選ぶため
B	**企業研究** 他社との違いや惹かれた点を挙げる	志望企業が力を入れている商品や、企業全体の方向性を知ることで、自分との相性をアピールできる
C	**目標設定** 入社後の目標を具体的に設定する	より具体的な目標を示すことで、本気度を面接官に伝えるため

模範回答例

私は、Ⓐ男性化粧品の商品開発・研究に挑戦したいです。周りの男子学生の中には容姿にコンプレックスを持つ人も多く、Ⓐ男性化粧品のニーズも今後増えると考えているからです。私は、大学では化学を専攻し、化粧水の研究を通して論文を執筆中です。Ⓑ男性基礎化粧品のパイオニアである御社で、大学で専攻した化学を活かし、Ⓒ肌に負担が少なく、できるだけナチュラルに見える男性用ファンデーションの開発をするのが夢です。

回答についてのアドバイス

自身の研究内容と企業の業務内容がマッチしており適性を感じます。また、業界他社との比較も述べており志望度の高さが伝わります。「商品開発への挑戦」を通してどのような社会を築きたいか、具体的な目標も説明できるとよいでしょう。

要チェック 避けたい回答とは

「御社の売り上げに貢献したい」など挑戦したいことが抽象的だと、その会社を志望する必要性が伝わらず、「企業研究を深めていないのでは」と判断されてしまいます。また、自分の強みと企業の求めるスキルがマッチしない場合も、同様の理由でマイナス評価をされてしまいます。自己分析、企業研究をしっかり行った上で、「企業の理念に沿った自分の強みを活かした具体的な挑戦内容」を語れるように準備しておきましょう。

関連する質問として「業界内でも当社を志望した理由について教えてください」があります。➡ p.114

志望動機 41

将来の夢、成し遂げたいこと、キャリアビジョンを教えてください

面接官は
ココが
知りたい

- 自社の理念と就活生の夢が合っているか知りたい
- 自社の業務内容を理解しているか知りたい

理由

就活生の将来の夢が会社の目指しているビジョンと大きく異なる場合、ミスマッチで早期退職する可能性があるからです。企業研究をしっかりと行い志望度が高い就活生は、自社と合致した夢を語れると考えています。

攻略ポイント

企業が何を目指しているのか正確に理解し、自分の夢との合致を意識して、成し遂げたいことを伝える

リサーチポイント

業界研究

A 同業他社との違いや特徴を探す

業界の中での志望企業の立ち位置や特徴を理解し、それが自分と本当にマッチしているか確認するため

企業研究

B 企業の目指すビジョンと自分の夢の共通点を探す

最新の企業状況についても把握していることをアピールすることで、志望度の高さを伝えられる

目標設定

C 将来の夢、成し遂げたいことを明確にする

企業のビジョンと合っている点を強調し、企業が求める人材であることをアピールする

模範回答例

Ⓐ御社の誇る高い技術力を活かし、多様な文化や価値観に通用するビジネスを行うのが夢です。Ⓑ御社は、近年、海外拠点を増やし業界のグローバルリーダーを目指しています。私は海外留学生が20%以上を占める研究室に所属しており、コミュニケーションをとる中で、文化や価値観の違いを理解し尊重し合う大切さを知りました。この経験を活かし、Ⓒ常に各国でのユーザー視点に立ち、世界の人々に安心で快適な暮らしを届ける仕事がしたいと考えています。

回答についてのアドバイス

「多様性を受け入れ尊重する姿勢」を大切にしていることが伝わります。また、その価値観と企業の目指すビジョンが一致しているため納得感があります。他社比較として挙げた海外展開や高い技術力を具体的に説明できると、なおよいでしょう。

要チェック　この企業ならではの「夢」を意識して答える

成し遂げたいことや夢が「Excelのスペシャリスト」などすぐに達成できそうな場合は、意欲が低いと見られてしまい、また、「企画力」「事務力」「営業力」など多すぎる場合は「企業でのキャリアをもとに独立を考えているのでは？」と懸念されてしまいます。「この企業ならでは」を意識して語りましょう。ただし、あくまでも夢ですので、抽象的なキャリアビジョンにとどめ、「御社以外、叶えられない」など一定の業界や企業に固執しすぎると、視野が狭いような印象を与えてしまうので注意してください。とはいえ、深掘りされても困らないように、「○○の強みを活かして△△をしたい」と、具体的な夢へのプランは答えられるようにしておきましょう。

志望動機 42

5年後、10年後あなたはどうなっていますか

面接官はココが知りたい

- 就活生の自社への理解度と志望度の高さを知りたい
- どのようなキャリアプランを持っているか知りたい

理由

将来のビジョンを具体的なプランで語れれば、入社意欲や自社との相性が高いと判断できます。仕事に目標を持って取り組める就活生は成長できる人材と評価でき、取り組み方によって適材適所も推測できるからです。

攻略ポイント

企業の仕組みや制度、業務内容を理解した上で、将来のプランが実現可能であることを説明する

リサーチポイント

	業界研究	
A	同業他社よりも優れている点を探す	優れている点が、自分の将来のプランと紐づいていることを伝えるため
	企業研究	
B	企業内の制度や仕組みを調べる	企業研究が進んでいることをアピールでき、自分の将来のプランが実現可能だと面接官に理解させやすくなるため
	目標設定	
C	説得力のある目標を立てる	実現可能な目標を設定し、中長期を見据えて働くことができる人材であるとアピールする

模範回答例

Ⓒ5年後には新入社員や後輩の人材育成に携わりたいと考えています。学生時代に飲食店でアルバイトリーダーをしていた際、新人や後輩の指導に非常にやりがいを感じたからです。Ⓐ業界の中でも「職員の質 No.1」を誇る御社では、Ⓑ1年ごとのジョブローテーション後、5年目に希望部署を伝える機会がありますので、そのときに希望し、Ⓒ10年後には外国人スタッフの定着を予測した新しい研修制度の確立など、質の高い人材育成に力が注げるようにしたいです。

回答についてのアドバイス

社内制度など企業の特徴を押さえて簡潔にまとめています。また、アルバイト経験から人材育成担当としてモチベーション高く働けることをアピールしています。キャリアプランを実現するために自身が努力していることも説明できるとよいでしょう。

Point 先輩たちの声を参考にプランを考えよう

「5年先、10年先と言われてもわからない」という就活生も多いことでしょう。特に、いまは先行き不透明な時代に突入し、これまでとは違う未来を予測しなければならないからです。「現在考えられることは」と前置きしてプランを語りましょう。「入社後は、○○（業務内容）を通して、△△（能力）を身につけ、最終的には□□（5年後、10年後の目標）をしたい」と考えてみるとイメージしやすいかもしれません。入社5年くらいのOB・OG訪問ができれば聞きやすいでしょう。それが難しい場合は、志望企業のWEBサイトでの先輩社員インタビューや、業界他社のWEBサイトなどから5～10年勤務の社員の声を探し5年後、10年後に任されそうな仕事を把握し、参考にしてみてください。

志望動機 43

他社の選考状況について教えてください

面接官は ココが 知りたい

- 入社の意思があるか本音を知りたい
- 就活生の能力を知りたい

理由

自社で内定を出したとき、辞退されないか確認したいからです。他企業に内定が決まっている場合、「他社でも評価されている」と判断し、志望順位などの追加質問をすることで就活生の真意をくみ取ろうとしています。

攻略ポイント

現況を伝えつつ、同業他社より魅力を感じている点をアピールし、入社の意思を示す

リサーチポイント

業界研究

A 受けている同業他社より優れている点を示す

複数受けている同業他社よりも魅力に感じる点を挙げることで、志望度の高さを示す

企業研究

B 受けている企業の共通項を探す

選考を受けている企業に一貫性があることを示し、自分の軸にぶれがないことをアピールするため

目標設定

C 入社する意思を明確にする

複数選考を受けている中で、「御社が第1希望である」と納得させる理由を述べ、面接官に印象づける

模範回答例

私はⒷ多世代の多様なニーズに沿った生活スタイルを丸ごと提案できるブランドを軸として選考を進めており、現在、御社以外に５社の選考を受けています。うちⒷ○○が３次面接まで進んでおり、△△と□□の２社が２次面接の結果待ち、◇◇が１次面接の結果待ち、▽▽はエントリーシートの結果待ちです。ⒶⒸ多様なニーズに沿うという点で御社が一番自分の軸に合致しており、魅力を感じています。Ⓒ採用していただいた際には、御社に入社すると決めております。

回答についてのアドバイス

初めに企業選びの軸を示したため「同業他社より魅力を感じている点」を論理的に説明できています。また入社する意思を明確にしているため、面接官に安心感を与えることができます。企業選びの軸の背景も説明できると、なおよいでしょう。

要チェック 第1志望であると伝えることが大切

選考状況を聞くのは、最終段階での確認が多く、就活生に入社してほしいと考えているからです。内定へのひと押しとして、「第1志望」であることは必ず伝えましょう。また、「20社受けている」など多すぎる場合は、深く考えていないのではないか、自己分析がしっかりできておらず軸が定まっていないのではないか、と評価が下がってしまう可能性があります。中には、軸とは沿わないけれども試しに選考を受けてみた、という企業もあるかもしれませんが、その場合も「軸が定まっていない」と思われてしまいかねないので、正直に話さないほうがいいでしょう。不採用になった事例は、他社が選考しなかった理由を考えさせてしまうので、聞かれない限り挙げる必要はありません。

志望動機 44

仕事で大切なことは何だと思いますか

面接官は**ココが**知りたい

- **仕事に取り組む姿勢を知りたい**
- **仕事に対する価値観を知りたい**

理由

入社後、困難や挫折を乗り越えて成長していく人材かどうかを見極めたいのです。取り組む姿勢からは仕事へのモチベーションや責任感が推測され、価値観にはこれまでの経験でどんなことを大切にしてきたのか、人間性が表れます。これらを聞くことで、働く意欲や覚悟、成長性を判断したいとの狙いがあります。

攻略ポイント

学生時代に何かを達成した、あるいは挫折を乗り越えた経験を振り返り、自分が行動した結果、周囲にどんな変化があったかを具体的、客観的に語る

回答の流れ

❶ ポジティブな感情を伴った経験を振り返る

「大切にしたいこと」を振り返るとき、例えばグループで苦労して成し遂げたことや、困難を乗り越えて達成感を得た経験なら、入社後の成長をイメージしてもらえます。

❷ 根拠となるエピソードを具体的、かつ客観的に語る

「真実は細部に宿る」というように、状況をしっかり伝えましょう。行動する前と後で周囲にどんな変化があったか、どんな評価を得たかも加えると好印象です。

❸ 仕事でどう役立つかを考える

個人の頑張りだけでなく、さまざまな人との関係性において自分の人間性がどう活かせるかという視点も大事です。

模範回答例

大切にしたいのは、❶「チーム全体に貢献していくこと」です。中学、高校、大学とずっと陸上部に所属しましたが、大学3年のとき、大ケガをして思うようにタイムが上がらなくなりました。一時は退部を考えたものの、❷同期や後輩のサポート役に徹し、みんなのモチベーションが上がるように努めた結果、監督や先輩から「退部者が減った」と評価されました。❸どんな立場になってもチームに貢献できることを実感し、喜びを見いだせた経験は、御社でも必ず役立てられると思います。

回答についてのアドバイス

社会人として働く上では、同僚や上司、お客様など多くの人と協力しなければなりません。その際に、チーム全体に貢献する姿勢、つまりチームワークを意識した協調性が求められます。具体的に仕事でどう役立てるかも説明できるとよいでしょう。

Point 結果ではなくプロセスが重要

■エピソードのネタは生活の中に

「誇れるエピソードなどない」と弱気になる必要はありません。面接官は結果ではなく、あなたが何を感じ、どう行動したかのプロセスが知りたいのです。その結果、自分なりに理解したこと、仕事選びや企業選びにどうつながったかを具体的に話すといいでしょう。

■話は結論から入ろう

就活のあらゆる場面、ひいては社会人になっても当てはまることですが、結論→理由→具体例→結果の順に話します。「何を頑張ったのか」「なぜ、頑張れたのか」を日時や期間、回数など、具体的な数字を示すと説得力が増します。そして堂々と「自分にはこんな力がある」「こんなことができる」とアピールを。

志望動機

45

あなたにとって仕事をする目的とは何ですか

面接官はココが知りたい

- 学生と企業、双方の価値観が合うかを確認したい
- 夢や希望をどう実現するかを知りたい

理由

本質的な価値観が合わなければ、お互いに不幸な結果になるため、面接段階で見極める必要があります。仕事における将来の夢や希望は何で、それを実現するため仕事にどう取り組むべきと考えているかを見定めようとしています。

攻略ポイント

体験に基づいた逸話をベースに、自分なりの仕事観を簡潔に、説得力を持って伝えていく

リサーチポイント

	自己分析	
A	これまでの人生において何を大事にしてきたか、仕事でもどうありたいかを洗い出す	価値観が形成された逸話を具体的に語ることによって、就活生の人間性が伝えられる
	企業研究	
B	企業のWEBサイトやOB・OG訪問などから、企業理念が育まれた背景や文化を理解する	表面上の言葉だけでなく多面的な角度から見て、自分と企業との価値観のマッチ度を確認
	目標設定	
C	入社後、どういう人材として実際にどう活躍したいのか、目標を設定する	実際にその会社で働く姿をイメージできる答えは、志望度の高さをアピールできて好印象

模範回答例

Ⓐ「仕事を通じて世の中の役に立つことが理想」です。私の母は難病を患い、まだ若いうちに亡くなりました。私が小学6年生のときです。その無念さから大学も医療・薬学関係と定め、猛勉強しました。その甲斐があってⒷ薬学部に入学できたので、製薬関係の仕事に就きたいと考え、製薬で実績のある御社、中でも新薬開発部門で働きたいと思っています。とにかく御社に入社し、Ⓒ世の中の病に苦しむ多くの人を助ける仕事の一翼を担えれば、と思います。

回答についてのアドバイス

将来の目標に向かって大学受験、就職活動と努力しており、熱意が伝わります。また、入社後のイメージが明確であるため、モチベーション高く働いてくれる、と採用担当者に思わせることができます。その企業を志望する理由も話せるとよいでしょう。

レベルUP 実際に志望企業で働く先輩から聞く

「仕事をする目的」という問いはズバリ、あなたの社会人、仕事人としての価値観を見ています。「社会貢献」など一般的な答えではなく、できるだけ相手の印象に残る、かつ相手先の社風に沿った具体的な答えを用意したいもの。それにはOB・OG訪問がおすすめです。現在の仕事のやりがい、難しさ、喜びを感じた瞬間などを教えてもらいましょう。それらを自分の考えとすり合わせ、自分ならではの仕事の目的を明確化します。

現実には、自立していく＝お金のためという本音もわかりますが、「それならば、わが社である必要はないのでは？」という結論に。あえて面接でネガティブに振る舞う必要はありません。

答えにくい質問
46

学生と社会人の違いは何ですか

面接官はココが知りたい

- 社会人としての自覚や意識があるか知りたい
- 仕事に対する価値観や意欲を知りたい

理由

就活生が、社会人と学生との違いをどのように認識し、社会人をどのように捉えているか価値観を知ろうとしています。「お金をもらう立場になる」「社会的な責任がより強くなる」など、社会人としてスタートする自覚の程度を見極め、意欲を確かめようとしています。

攻略ポイント

社会人としての自覚や意欲をアピールし、仕事に対する自身の姿勢や価値観を明確に伝える

回答の流れ

❶ 1つに絞って価値観を述べる

「責任感の強さ」、「お金を得る」など違いはいろいろあります。自分の価値観に一番合う、明確な違いが述べられる例を選びましょう。

❷ 社会人をどう捉えているかを説明する

自分の考えている社会人像を述べることで、自分の価値観や仕事に対する姿勢を伝えます。

❸ 社会人としての自覚をアピールし、意欲を伝える

「○○を大事にして、△△をしたい」など、企業への貢献度を話せると面接官の印象に残りやすくなり、自覚や意欲をアピールできます。

模範回答例

学生と社会人の違いは、❶時間の使い方だと考えています。学生は、授業以外はサークル活動やアルバイト、友人と出かけるなど、自分の自由に時間を使えます。しかし、❷社会人は、決められた時間内に効率的に仕事を進めなければなりません。期限までに結果を出すことも求められます。私は❸仕事とプライベートとの時間管理をそれぞれしっかり行い、メリハリをつけることで仕事を効率的に進め、御社に貢献したいと考えています。

回答についてのアドバイス

「時間の使い方」の１つに絞って価値観を述べているため、内容が明確に伝わります。両者の違いを述べるだけでなく働く上での目標を伝えているのも印象的です。一般論だけでなく、自身の体験などを織り込んで話せるとさらによくなるでしょう。

要チェック 似たような回答にならないように注意

学生と社会人との違いとしては、「責任の重さ」「時間の使い方」「評価基準」「人間関係」「決断力の重さ」「言葉遣い」などが挙げられます。普通は、責任感の重さや時間の使い方などを挙げる事例が多く、似通った回答になりがちです。そこに、いかに自分らしさや自分の価値観を織り込めるかが、面接官に「なるほど」と思わせるカギになります。例えば、責任の重さを「アルバイト先の店長に、給料に見合うサービスをしなさいと言われた」や、「学生は勉強せずに単位を落としても困るのは自分だけだけれど、仕事の場合は周りにも迷惑がかかる」など、具体的な体験や例から理由を語ると「社会人としての覚悟ができているな」と評価されるでしょう。

答えにくい質問 47

当社を第１志望に考えていますか

面接官は**ココが**知りたい

- 入社の意思が固いか、就活生の本気度を知りたい
- 企業研究を十分にしているか知りたい

理由

面接で重視されるのは就活生が「本気で入社したい」という覚悟があるかです。熱意だけでなく、自社をよく理解した上で「第１に考えている」という本気度が見られないと、内定を出しても辞退されかねないからです。

攻略ポイント

会社の理念や業務などを十分に研究・理解し、面接官に納得してもらえる第１志望である理由を述べる

リサーチポイント

A	業界研究	業界と自分との共通点を示す	商品、サービス内容、業績など業界全体を理解した上で、自分との関連性を伝えるため
B	企業研究	同業他社と比べて優れている点を見つける	社会的評価や成長性など、同業他社と比べて志望する会社の強みを見つけ、第１志望の理由と結びつけるため
C	目標設定	具体的な目標を挙げてアピールする	入社後、どのような目標を持っているかを語ることで、本気度の高さを伝えるため

模範回答例

はい、御社が第１志望です。Ⓐ大学では食物科学を専攻し、豆乳を使用したチーズ製品について研究してきました。是非、Ⓑ御社の最先端の研究施設で、人にも環境にもやさしい商品開発に携わりたいと考えています。代替食品のパイオニアである御社は、「健康・環境」を会社理念の軸としており、数十年後を見据えた研究をしているところに魅力を感じています。Ⓒ将来の代替食品へのさまざまなニーズに応え、新しい商品開発のお手伝いができればと考えております。

回答についてのアドバイス

第１志望であることをはっきり伝えると、面接官に安心感を与えます。また、大学の研究内容と将来のビジョンに一貫性があるため説得力もあります。面接では、その学問に興味を持った理由を聞かれる可能性があるので準備しておきましょう。

要チェック 「第1志望群」と答えてもよいか

第1志望ではない場合、正直に迷っているポイントを絞って伝える方法もあります。例えば、人にサービスを提供する仕事を希望している場合、「人材業界」「介護業界」「ホテル業界」「IT業界」などさまざまな業界があり、それぞれにサービスの特徴があります。どの業界か決めかねている・業界の中でどの企業か決めかねている場合、「第1志望群として考えている」と述べることは、深掘りされてボロが出るよりは企業選びに対する誠実さが伝わるでしょう。「面接を通して、御社の特徴をさらに知っていきたい」という真剣さが伝えられれば問題ありません。ただし、面接終盤になると志望度の高さがより求められますので、あくまでも序盤に限って有効な手段であると覚えておいてください。

答えにくい質問 48

内定を出した場合、すぐに就職活動を終了しますか

面接官はココが知りたい

- 第1志望であるという志望度の高さを知りたい
- 入社の意思が確実か知りたい

理由

最終面接で聞かれることが多い質問です。ここまで残った就活生は、人柄・能力・相性などすべての点でクリアし、評価され、入社してほしいと考えられています。会社側は内定を出して辞退されないか、最終確認をしています。

攻略ポイント

内定をもらいたいなら、「就職活動を終える」と明言することが鉄則。最後まで気を抜かず、本気度を示す

回答の流れ

❶ はっきりと入社意思を伝える

最終場面で内定を取りこぼさないように、第1希望でなくても入社する可能性があれば「他社ではなく御社に入社する」という意思を見せましょう。

❷ 志望度の高さの理由を説明して念押しする

「○○を通して、さらに入社意思が強まった」など、採用過程での理由をプラスすると内定へのひと押しとなります。

❸ 内定後の取り組みをアピールする

「仕事に活かせる勉強を進めたい」など、入社後を見据えた取り組みを伝えると、面接官により好印象を与えられるでしょう。

模範回答例

はい、❶御社が第１志望ですので、内定をいただいたら、就職活動を終わりにしたいと思います。これまで❷業界研究、企業研究を進め、面接で直接御社を訪れて社風に触れたことで、御社へ入社したいという気持ちがより強まりました。内定をいただきましたら、現在受けている他の会社にはお断りの連絡を入れたいと思います。今後は、❸御社に貢献できるテーマだと考えている卒業論文に力を注ぎ、入社後に役立てられるようよい論文に仕上げたいと考えております。

回答についてのアドバイス

すぐに就職活動を終える、とはっきり伝えており面接官に安心感を与えています。また、改めて志望理由を説明することで企業への熱意をアピールすることができます。卒業論文の執筆など、内定後の取り組みを具体的に話せるとよいでしょう。

Point 内定後、辞退もできる

内定後、仮に辞退しても法律で職業選択の自由が認められているため、責任を問われることはありません。ただし、断る場合は礼儀として、電話とメールとで誠意ある連絡をしてください。

・オワハラ（就活終われハラスメント）だと感じたら

面接の場で別の選考の辞退を迫ることや、頻繁に研修を入れて他の企業の選考を受けさせないようにすることは、ハラスメントであるという見方があります。その場で判断せず、「他の選考状況確認後ご連絡させていただきます」のように答え、大学のキャリアセンターに相談しましょう。

答えにくい質問
49

希望の配属先・部署に行けない場合はどうしますか

面接官は
ココが
知りたい

- 就活生の柔軟性を知りたい
- 成長しようという意欲があるか知りたい

理由

希望と異なる要求をされたときの反応を見ることで、希望先でない部署で頑張れるのか、前向きに捉えてモチベーションを保てるのかを判断しています。長く会社に勤めるということは希望部署に配属されない時期もあり得るので、長期雇用できる人材かを見極めています。

攻略ポイント

希望に沿わなくても努力できる意欲を伝えるとともに、希望部署へのこだわりもアピールする

回答の流れ

❶ ポジティブに捉えられることを伝える

志望度の高さをアピールできるように、聞かれたときの表情や話し方に動揺が表れないように気をつけます。

❷ 希望でない配属先でも努力できる理由を伝える

こだわりを持ちつつも、配属先を受け入れ、努力できる理由は何かを具体的に伝えると、面接官への説得力が増します。

❸ 希望部署への配属へのこだわりも述べる

目標を持ってモチベーションを維持し、成長することで希望部署に行けることにつながるなど、ポジティブに捉えていることをアピールします。

模範回答例

❶希望しない部署に配属されても全力で取り組みます。私は、御社の理念「サービスを通じて顧客に大きな影響と幸せを届ける」に惹かれ、顧客の意見や反応を分析するマーケティング部を志望しています。しかし、❷どの部署でも同じ理念のもと目標は変わらないと考えます。逆に、自分の知らなかった適性を発見したり、成長できるきっかけに出会えるかもしれません。❸将来、希望部署に行けるときにも役立つと考えて、業務に取り組んでいきたいです。

回答についてのアドバイス

「どの部署でも同じ理念のもと目標は変わらない」と前向きに捉える姿が印象的です。希望部署への配属に対するこだわりも述べており、自身のキャリアと真剣に向き合っていることが伝わります。部署で身につけたいスキルなどを具体的に話せるとよいでしょう。

Point 変化する職環境に柔軟に向き合えることが大切

就活の軸が「企業」なのか「職種」なのかを自分の中で問い直してみましょう。職種にこだわるのなら、例えば他に内定をもらっている場合、「自分の軸はこの職種なので他の部署ならばすでに希望職種で内定している会社へ行きます」とつっぱねることも“あり”です。しかし、世の中の変化に伴い、仕事内容や形態も変化してきています。変化のスピードが増しているいま、さまざまな影響を受けながらも、柔軟に対応できる人材がより求められています。「希望部署でなくても前向きに考えチャレンジする」姿勢を見せることが、基本のスタンスとして正解です。「成長したい」「新しいことにチャレンジしたい」という意欲のある就活生は、多くの企業で必要とされるからです。

答えにくい質問 50

残業することになっても大丈夫ですか

面接官はココが知りたい

- 仕事に対する積極性を知りたい
- 志望度の高さを知りたい

理由

就活生の仕事との向き合い方や取り組み方を知ろうとしています。残業に対して前向きな姿勢を見せることで、「嫌なことでも逃げ出さない」「熱意がある」「志望度が高い」人物であると推測しています。

攻略ポイント

残業できる理由を述べると仕事に対する価値観が伝わりやすい。残業しない工夫も話せると好感度が増す

回答の流れ

❶「できる」と前向きな姿勢を示す

志望度の高さを伝えるため、「御社のためならできる」が鉄則です。体力に自信があるなど、残業できる根拠を具体的に述べると説得力が増します。

❷ なぜ残業できるのか自分の考えを話す

理由を述べることで、仕事に対する考え方が理解されやすくなり、自身の人柄も伝えられます。

❸ 抱負を語り向上心をアピールする

残業を肯定するだけでなく、「仕事の効率化」や「スピードアップを図る」など、減らす工夫もアピールすると面接官の印象がさらによくなります。

模範回答例

❶御社に入社できるのなら、残業があっても大丈夫です。所属していたサッカー部では、練習後も残って自主練習をしていたので、体力には自信があります。入社後は仕事の全体像が把握できるまで時間がかかってしまうかもしれないので、残業は覚悟しています。❷仕事は責任を持ってやり遂げたいので、中途半端で終わらせることはしたくありません。しかし、残業ありきではなく、❸仕事に慣れたら、効率よく生産性のある時間の使い方ができるよう取り組んでいきたいです。

回答についてのアドバイス

肉体的なものだけでなく、精神的なタフさ、忍耐力をアピールしています。また、仕事を中途半端で終わらせたくない、という責任感の強さも伝わります。仕事の効率化を説明する際に、意識するポイントや心構えも伝えられるとよいでしょう。

Point 正確なことはわからない。ポジティブに切り替えよう

残業については、企業研究などで事前に確認しておくことができます。しかし、企業側も「残業が多い」というマイナスイメージを持たれたくないため、具体的な数値を挙げていなかったり、挙げていても「平均」なので部署によってかなりばらつきがあったりと、正確なところはわかりません。志望する業界や職種によってもさまざまです。いまは、インターネットの口コミサイトも多いので、活用する人もいるでしょうが、信頼できるサイトか判断する必要があります。人事担当者から来るメールの時間などは参考になるかもしれません。「業務経験を多く積んで、人より早く仕事を覚えよう」とポジティブに切り替えることも大切です。

答えにくい
質問
51

転勤・勤務地はどこでも大丈夫ですか

面接官は
ココが
知りたい

- 転勤への抵抗感があるかを知りたい
- 志望の本気度を確認したい

理由

総合職であれば「全国＆海外勤務」は“暗黙の了解”事項のため、同程度の能力としたら転勤に抵抗のない人のほうが有利ですが、さらに、全体に企業の方向性と齟齬がないかを判断しています。志望熱意を測る1つの指標とも言えます。

攻略
ポイント

総合職志望なら「問題なし」が模範回答だが、仮に「望まない」としても、説得力のある理由で前向きな印象を与えよう。期限を提示するのも◎

回答の流れ

❶ まず端的に結論から伝える

「できれば地元」という弁明は微妙です。その時点で覚悟の程が疑われる可能性があるものの、地域貢献の文脈で転勤を望まない場合は論理的に説得していきます。

❷ その理由を述べる

「さまざまな赴任地へ行くことで見聞を広めたい」など前向きな考え、姿勢を意識します。家庭の事情などで転勤が難しい環境でも、あえて志望する意欲的な理由を。

❸ 入社後の自分の姿や夢、そして会社への貢献を強調

転勤の経験が会社で活躍できる人材になる、もしくは希望する職種に役立つことをアピールするのは効果的です。

模範回答例

❶転勤はまったく問題ありません。もし採用いただけた場合は転勤の経験を活かして、御社の発展に貢献できるものと考えます。❷事業全体を把握するためにもさまざまな場所、環境で経験を積み、仕事の幅を広げることは自分の成長にもつながると思っています。❸グローバルに事業を展開する御社において、転勤はむしろチャンスだと捉えており、海外での新規事業開発などの機会が到来したら、私に真っ先に声がかかるような人材となり、御社に貢献する覚悟があります。

回答についてのアドバイス

自己成長につながるチャンス、と前向きに捉える姿が印象的です。海外事業にも興味を示しており、企業の方向性と齟齬がないことが伝わります。回答のように、転勤に抵抗がないことを伝えるだけでなく、入社後の目標まで説明できるとよいでしょう。

要チェック 転勤を希望しない場合の注意点

■ネガティブに受け取られる印象を避けて堂々と主張

「病弱な家族の介護のため」といった事情があれば、正直に伝えます。それでもなぜその会社を志望するのか、企業理念への共感や商品・サービスの素晴らしさなどの理由と併せて、自分の強みも述べます。答えが具体的であればあるほど説得力は増しますから、堂々と主張を。

■理由には就活生の価値観が反映される

転勤を避けたいと考えた理由には、就活生の価値観が反映されることが多いものです。例えば「過疎化が進む地元で地域貢献がしたい」など、面接官はそのエピソードから就活生が何を大切にしているのか、また入社後にその考え方でミスマッチが起きないかを判断します。

答えにくい質問
52

上司と意見が対立したらどうしますか

面接官はココが知りたい

- 柔軟性と主体性のバランスを見たい
- 人柄を見極めたい

理由

主体性があることと、素直で柔軟性があることのどちらかに偏っていては「対立」や「不満」は解消せず、やがて組織は活力を失います。面接官はその答えから就活生の人柄を見定め、物事を解決しようとする意思の有無を見極めています。

攻略ポイント

最初から衝突せず、一度は上司の話を聞き、その後で自分の意見を提案し、主体性をアピール。最終的な判断は上司に任せ、素直に決定に従う

回答の流れ

❶ まず上司の意見を聞く

最初は上司の意見を聞いて、「それは自分もわかります」「一理あると思います」「確かにその可能性はあります」など、一旦受け入れることで上司を立てます。

❷ 自分の意見をしっかり述べつつ、上司に意見を求める

主体性も大事です。自分の意見を伝える際、「こういう方法もあるのではないでしょうか」「私はこういう意見なのですが、どう思われますか」といった言い方が肝心です。

❸ 上司が下した最終決定に従い、協調性をアピール

現場を熟知しているとの自負があれば、「現場に持ち帰る」など第三案を探るのもOKですが、言い方に留意します。

模範回答例

まずは❶上司の意見を聞きます。感情的にならないよう、頭の中で一度整理し、わからないところがあれば質問します。そうすれば、実は近い部分があることや、誤解にも気づけると思うからです。その上で、❷上司に自分なりに考えた提案を示します。監督する立場の上司より、現場で働く部下のほうが詳細を把握していることもあるからです。最終的にはもちろん❸上司の決定に従います。それがチームの意見であると受け入れ、仕事が滞らないように業務を遂行したいと思います。

回答についてのアドバイス

「相手の意見を受け入れ一度整理する」という柔軟性を見せつつ、「自分なりの意見を示す」という主体性も伝えています。また、最終的には上司の決定に従うという協調性も示しています。自身の実体験も踏まえて説明できると、なおよいでしょう。

要チェック 答えにくい質問に対する心構え

■答えが思いつかなければ正直に吐露

面接官があえて答えにくい質問をするのは、何かの真似ではなく、自分なりの答えを導き出そうと真摯に向き合っているかどうか、その姿勢を見たいからです。また、1問くらい答えられなくとも「落ちる」わけではありません。過程がチェックされていることを忘れないように。

■対立するかしないかより、その先の発展を見据える

あくまでも自分の主張を通したいという人は、そもそも会社勤めに向いていません。また話のわかる上司ばかりではないし、イエスマンの部下が多ければ仕事の発展は望めないでしょう。対立するかしないかが問題ではなく、組織が発展できるかどうかが重要なのです。

答えにくい質問
53

苦手なことは何ですか

面接官は
ココが
知りたい

- **自己分析できているかを知りたい**
- **苦手をどう克服したかを知りたい**

理由

第三者に苦手なことを的確に伝えるには、自己分析が欠かせません。自分の弱点や短所を理解していれば、周囲の指摘を素直に受け止め、成長できる人材と捉えられるでしょう。さらに、苦手をどう克服したかを聞けば、課題や困難から逃げずに乗り越えていくと推測できます。

攻略ポイント

業務を遂行する上であまり支障がない苦手を１つに絞り、それをどう改善したのかをセットにして、具体例をもって説明していくと伝わりやすい

回答の流れ

❶ 結論として苦手なことを正直に述べる

業務に支障がありそうなことは避けたほうが無難です。また、どう対処しているかをセットで答えたほうがよく、日頃の対処法をしっかり整理しておきましょう。

❷ 苦手なことをできる限り具体的に説明する

実際のシーンが思い浮かぶくらいの表現が望ましいです。苦手とどう向き合ったか、そのときの自分の感情など、人柄が伝わってくるような内容であれば好印象です。

❸ どう向き合い、克服しようとしているかを伝える

苦手の原因を他人や環境のせいにするのは、責任転嫁と捉えられる可能性があるので注意しましょう。

模範回答例

私は①大勢の前で話をすることが苦手で、すぐに緊張してしまいます。②授業でプレゼンテーションをするときも、目の前に多くの人がいるとうまく話せず、事前に言おうと思っていたことが言えないことがありました。人前でのスピーチも緊張せずに行えるように、最近は所属している英会話サークルで積極的に発表をするようにしています。③本番までに何度も練習してイメージトレーニングを重ねることで、少しずつ人前でもあがらずに話せるようになってきています。

回答についてのアドバイス

自分を客観視して現状何が足りていないかを理解できています。また、「苦手なこと」で終わらせずしっかりと向き合って克服しようとする努力が伝わります。人前で話すとなぜ緊張するのか、その原因まで分析できると、なおよいでしょう。

要チェック 苦手なことがない場合はどうする？

■自分の得意なことの反対を考える

得意なことの反対を考えてみます。意外と苦手の発見につながることが多いです。続いて、身近な周りの人にも聞いてみて、日常的な場面で確かめてみるとよいでしょう。いままで意識していなかったのに、よく考えたら苦手だったということもあります。

■苦手なことがなくとも嘘をついてはいけない

「苦手なことがない」と答えたら、嘘臭いと思われるかもしれない一方で、どんな業務でも上手に対応できる人材と評価される可能性もあります。いずれにしても嘘をつくのはダメ。苦手なことが思いつかなければ、それを裏付けるようなエピソードを。

答えにくい質問 54

苦手な人はどんなタイプですか

面接官はココが知りたい

- 就活生の性格や人柄を知りたい
- 誰とでも協調できるかを知りたい

理由

苦手なタイプとして挙げた人物像から、逆に就活生の性格が浮き彫りになります。なぜならば、自分の性格とは対極にある人が苦手と感じるケースが多いからです。また、苦手な人と一緒に仕事をしなければならない場合、どのように対応して仕事を遂行するかを見極めようとしています。

攻略ポイント

苦手なタイプとその理由を挙げると同時にポジティブな対処法を述べながら、たとえ苦手な人でも人間関係を築いて業務遂行できることをアピール

回答の流れ

❶ 苦手な人の特徴、タイプを簡潔に述べる

級友やクラブ活動、アルバイト先での人間関係を思い浮かべてみましょう。なんとなく避けていた人、素直に同調できなかった相手はどんなタイプですか。

❷ 実感に基づいて苦手な理由を説明する

「なぜ苦手と感じるのか」「どうして嫌いなのか」「自分の性格と異なるから理解できないのか」などを振り返ります。その際、実体験を交えると具体性が出てきます。

❸ 相手を理解しようと努めるなど対処法を示す

社会人なら「苦手な人とは付き合わない」という態度は通用しません。歩み寄りと、どう行動するかを伝えます。

模範回答例

❶「時間にルーズな人」が苦手です。学生時代に委員会の責任者を務めていたとき、メンバーに資料作成を頼んだことがあります。余裕を持って３日前を締切にしたのですが、提出してきたのは期日の前日でした。このとき、❷時間にルーズな人がいるとプロジェクトが失敗するかもしれないと感じました。ただ、❸進捗状況を聞いたりフォローの確認をするなど、自分の管理が甘かった部分もあると反省しています。この経験を活かし、入社後はプロジェクトを成功に導きたいと思います。

回答についてのアドバイス

「時間にルーズな人」を挙げることで、その対極の「計画性を持って行動できる人」という印象を与えることができます。また、「苦手な人」で終わらせず、相手を理解しようと寄り添う姿勢も見せており協調性があることを伝えています。

要チェック 面接官の意図を考慮しよう

■反対に就活生の短所があぶり出されることも

評価には二面性があることを意識しましょう。例えば「仕切り屋タイプ」が苦手な人は、「リーダーシップがない」と捉えられてしまうかもしれません。苦手な人のよさをきちんと認め、自身からも近づけるように努力することをアピールしましょう。

■「苦手な人はいない」はかえって逆効果

「どんな人にもよさはあるから、苦手な人はいない」という答えは、素晴らしい人格者のような気もしますが、そもそも嘘臭い上に、かえって逆効果です。なぜならば、面接官は、苦手なタイプにどう対応するかを知りたいからです。

答えにくい質問 55

あなたはどんなときにストレスを感じますか

面接官はココが知りたい

- どのような場面でストレスを感じるのかを知りたい
- ストレス耐性を知りたい

理由

どんな場面においてストレスを感じるのかを聞くことで、自社や職種に合う人材かどうかを見極めています。また、ストレスが原因で離職する人は少なくないので、就活生が日頃からストレスをどうコントロールしているのか、企業はストレス耐性を重要視しています。

攻略ポイント

感じるか感じないかが問題ではなく、どのような場合に感じて、どう向き合っているかを具体的なエピソードを交えつつ、自分なりの答えを伝える

回答の流れ

❶ どういうとき&コトに感じるのか、正直に結論を述べる

柔軟に対処できることをアピールするのはかまいませんが、「あまり感じない」は一見、OKな答えと思われるけれど逆効果です。現実的ではないためマイナス評価に。

❷ 具体例を交えつつ、その理由を語る

具体的なエピソードを基に、誰にでも理解できるようにストレスを感じた場面を再現します。そこに自分の性格を関連づけて、次のストレス解消法紹介へと続けます。

❸ 自分なりのストレス解消法を伝える

リフレッシュ方法を持っている人はストレス耐性が高く、入社後の離職リスクも軽減すると考えられます。

模範回答例

❶「時間に追われているとき」です。何事も最後まで完璧に仕上げたい性格なので、時間がない中での作業は精神的に負荷がかかります。❷例えば、大学では論文を学会へ投稿する作業があり、締切までに完璧な論文を書き上げたいとこだわっていましたが、時間がないので大体でよいと教授から指導されました。そのとき、納得いくまで修正できなかったことにストレスを感じました。今は❸完璧に仕上げることにこだわらず、周囲の人と効率的に仕事していくことが大事だと考えます。

回答についてのアドバイス

研究活動の実体験に基づいて説明しているため納得感があります。また、完璧主義とは強い向上心を持ってものごとに取り組める性格というよい側面もあるので、結論部分で「完璧に仕上げることにこだわらず」と言い切る必要はないと思います。

要チェック 入社後の職種を意識して

■業界・業種に不利な回答は避ける

研究職志望の学生が「長時間同じ作業を続けることにストレスを感じる」と回答するのはNGです。なぜならば、研究職の働き方として、同様の場面が多々あるからです。業界や企業の事前調査をして、入社後の働き方をイメージしておくとよいでしょう。

■ストレスを感じることが多いのはダメ？

ストレスを日頃溜めていること自体はマイナス評価になりません。ですから素直に答えてかまいませんが、「精神的に不安定なことが多い」という回答は、「すぐに離職してしまうのではないか」という不安要素を面接官に与えてしまいます。絶対に控えてください。

答えにくい質問
56

留年理由について教えてください

面接官はココが知りたい

- 自己管理能力があるかどうかを知りたい
- 自己改善能力があるかを確かめたい

理由

授業にきちんと出席していれば、まず留年はしません。したがって留年した学生は「自己管理能力」に疑問を持たれます。とはいえ、人間は誰しも失敗するもの。むしろ留年という失敗から何を学び、反省して行動を変えたかなど、どう改善したのか、面接官は「自己改善能力」に注目します。

攻略ポイント

「留年」という過去の失敗に対して、就活生がどう克服したのかを通じて、自己改善能力が確実に身についたかどうかを見ている

回答の流れ

❶ まず反省の意を伝える

学業が本分である以上、どんな理由でも弁解の余地はありません。自分の非を認めるところからスタートすれば、面接官も悪い印象は持たないでしょう。

❷ 留年理由を正直に述べる

部活やアルバイトに励みすぎたなど、自己管理が甘かったことを素直に認めたほうが賢明です。言い訳をすると、しっかり失敗に向き合っていないと受け取られます。

❸ どう改善につなげるかを説明する

大事なのは失敗を教訓に何を学び、どう行動を変えるかです。学業にどう取り組むか、改善計画と決意を述べます。

模範回答例

❶苦手な科目の単位を落とし留年したことで、このままではいけないと猛省しました。ただ、いまではよい経験になったと心から思います。❷留年する前は漠然と勉強していましたが、❸留年してからは目標を持ち、それを達成するために効果の上がる勉強法を心がけました。勉強の仕方そのものを身につけられたことが、いまでも自分の最大の財産であると思います。日商簿記２級の試験に一度で合格できたのも、まず短期間で合格するための勉強法を考え、それを実践したからです。

回答についてのアドバイス

失敗を反省し、なぜ留年という結果に結びついたのかを分析しています。また、留年前後の行動を比較して自己管理能力と自己改善能力があることを伝えています。目標達成に向けてどのような点を工夫したのか具体的に説明できると、なおよいでしょう。

要チェック マイナス要素をプラスに

■学業より優先させた活動にも意義がある

人間形成は学業より、むしろ学業以外の活動によって成長する部分が少なくありません。学業以外で頑張ったことから何を思い、何を得たのか、また留年後は何を反省してどう対処したのかを伝えます。面接官はそのエピソードから就活生の価値観をくみ取ります。

■留年という結果にきちんと向き合った答えを

仮にバックパッカーやボランティアなど、学業以外の活動で貴重な経験をしたとしても、留年という結果に対してきちんと向き合い、その後は学業にどう取り組んだのかという改善点が見られないと、やはりマイナスのイメージが残ってしまいます。気をつけましょう。

答えにくい質問 57

最後に何か質問はありますか

面接官はココが知りたい

- ミスマッチを避けたい
- 入社意欲の強さを知りたい

理由

面接官が逆質問をするのには、就活生の企業選びの基準と企業とがマッチしているかどうかを確認したいという意図があります。齟齬があると、内定辞退や早期離職につながる可能性が高いからです。就活生にしても企業での働き方を真剣にイメージすれば、入社後2、3年のビジョンや気になることが出てくるはずです。

攻略ポイント

自身の企業選びの基準や志望動機を整理し、説明会やWEBサイト上では知り得ない情報という観点から意見をまとめ、選考段階に応じて適切な質問を

回答の流れ

❶ 企業選びの軸と志望動機を整理しておく

自身の企業選びの軸＝基準や志望動機を再度整理しましょう。それが明確になれば、何を質問すべきかの内容も自然に決まります。確認したいことや不明点を聞きます。

❷ 自分の意見を述べた上で、面接官に意見＝答えを求める

質問の形で自分の意見を述べますが、長々と得意気に持論を展開するのはマイナスです。質問の狙いが簡潔でわかりやすければ、面接官も答えやすく好印象を持ちます。

❸ 選考段階に応じた適切な質問をする

若手の面接官に、会社の経営戦略やビジョンを聞くのは不適当。社長や役員との面接で聞く内容です。

模範回答例

〈企業経営やビジョンについて〉
御社のビジョンは◯◯だと伺いましたが、そのビジョンを成し遂げるにあたり、取り組んでいることなどはありますでしょうか？
〈組織風土について〉
私は入社後、早くから活躍し結果を出したいと考えているのですが、御社の社員の中で早くから活躍する方に、共通して見える特徴などはあるでしょうか？

回答についてのアドバイス

企業のビジョンや入社後の姿に触れて質問しており、企業への熱意が伝わります。また、採用担当者に自分なりの仮説を説明するとさらによい印象を持たれます。例えば「活躍する人に共通する特徴」を自分の中で考えて相手に伝えてみましょう。

要チェック こんな逆質問はNG

WEBサイトに記載されている内容など、事前に調べればわかるような質問は企業研究不足を露呈することになります。業界研究も手を抜かないように。そういう意味で、「特にありません」もおすすめしません。面接官に「当社に興味がない」と受け取られます。また、成長意欲が感じられない逆質問、例えば「○○の資格を取得するためにどんな教育制度がありますか？」は、キャリアアップもすべて会社にお任せな感じがします。「即戦力として貢献したいので、入社までに取得しておくべき資格はございますか？」と積極性をアピールしましょう。

給料などの待遇面も気になるのは当然ですが、やはり面接の場では控えたほうが無難。OB・OG 訪問で聞くのが賢明です。

答えにくい質問 58

最後にひと言、言いたいことはありますか

面接官は**ココが**知りたい

- **聞けなかった事柄を知りたい**
- **入社への意欲を確認したい**

理由

必ず聞かれるわけではありませんが、比較的自由度の高い質問をすることによって、これまでの時間で聞けなかったことを引き出し、より深く就活生を把握します。最終面接の場合は、「本当に入社する気はあるのか」という懸念を払拭するような、意気込みを期待して聞かれることもあります。

攻略ポイント

面接官は「企業の発展、利益に貢献する人材」を採用したいのだから、自分の長所や強みを活かして活躍できる人材であることを強調していく

回答の流れ

❶ これまでの質問内容を振り返る

補足や追加ならかまいませんが、重複する内容を繰り返すのは避けたほうがいいです。また、それまでの答えと一貫性がないのも困りものですから、気をつけましょう。

❷ 補足や追加を論理的に述べる

自己 PR の補足なら長所を活かして活躍したい旨を、入社意欲につながる志望動機の補足であれば、入社したい理由に自分が活躍できる理由も加えて、論理的に述べます。

❸ 入社への熱意や意欲を駄目押しする

最終面接に近づくほど、入社意欲や熱意は重要視されるので、ぜひ補足や追加をしてください。

模範回答例

これまで、❶誰にも負けない努力をすることでさまざまな逆境を乗り越えてきました。受験の際、「合格は無理」と言われた大学に猛勉強のすえに現役で合格し、大学のサッカー部でも自主練習を毎日継続することで、最終的に1軍メンバーに入ることができました。❷努力を継続することで逆境を乗り越える力は、社会人になっても必要な能力だと思います。営業職を志望していますが、この強みを最大限に活かし、❸粘り強い姿勢で会社の発展、利益の創出に貢献したいと考えます。

回答についてのアドバイス

強みを活かし企業に貢献できる、と改めて伝えることで入社への熱意を示しています。面接では触れなかったエピソードを話すことで自身の新たな一面を伝えることができます。ただし、質問は「最後にひと言」なので簡潔に述べることが大切です。

レベルUP 面接における話し方のポイント

本書で幾度も指摘しているように、結論から始めることで簡潔に答えることができます。背筋を伸ばし、面接官の目を見て話すのが基本です。よくある質問には想定問答で答えを用意していても、記憶を頼りに一本調子の話し方にならないように気をつけてください。はっきりした発音を心がけ、聞きやすいトーンで多少の強弱をつけましょう。大げさにならない程度の身振り・手振り、相手の話に対する相槌も効果的。逆に、小さな声でボソボソした話し方は、自信がない印象を与えてしまいます。

話すことが得意な人は、時間が長くなる傾向があるので注意を。特にグループ面接では時間配分に気をつけましょう。

とある就活生の失敗談

"画竜点睛"を欠く

初めて臨んだリモート面接でのことです。当日は朝から身だしなみを整え、発声練習も済ませ用意は万全。提出したエントリーシート（ES）のコピーを再度、読み返して頭の中に叩き込み、想定質問に対する回答を反復し、パソコンの前に座ったのです。

いよいよ面接が始まり、思った以上に落ち着いて自分の考えを伝えることができました。面接官の表情から、「合格ラインは突破できたんじゃない!?」とホッと一安心。最後に面接官が「今日はお疲れ様でした」と立ち上がり、お辞儀をされたのです。慌てて自分も立ち上がりましたが、な、なんとスーツのズボンをはいていませんでした!!

自分は汗かきのため、「リモート面接なら映らないからスーツのズボンをはかなくても大丈夫」と油断したんですね。詰めが甘かった……。

「下手な鉄砲も数撃ちゃ当たる」って本当!?

就活も最初の頃はすごく張り切っていたんです。営業職を希望していましたから、業種も幅広くいろいろな企業にエントリーしました。60社以上だったかな。会社説明会や採用面接が始まると、1日のスケジュールがどんどん埋まってきて充実感すらありましたね。

だけど、スマホの見落としや面接のダブルブッキングが続くと、なんか "就活疲れ" を感じるようになって……。説明会やセミナーに参加するのも億劫になってきたんです。このままではマズイと思い、就活への向き合い方をリセットしました。業界や企業を絞って優良な中小企業にも目を向け、適度な日程を組むように心がけたところ、内定をいただくことができました。学生の本分は学業ですし、バイトや睡眠時間も考えて割り振ると、志望企業は厳選して20社くらいが適正でしょうね。

3章

業界別質問回答集

面接での質問は定番のものだけでなく、
業界ごとに出される質問も多い。
業界や企業への関心の深さが
反映された回答が求められるので、
業種や業界の傾向について
しっかりと学んでいこう。

商社（総合・専門）

どんな業種？

扱う対象を特化している専門商社と、多様な分野を扱う総合商社とに大別されます。事業内容は多岐にわたりますが、従来の貿易業務（トレーディング）から現在では人材、資金、情報、経営ノウハウなど、商社の持つ機能を組み合わせた「事業投資」「事業経営」が収益の柱になっており、単なる仲介業ではなく、例えば大型プロジェクトの牽引役を担うケースが増えています。

攻略＆アピールポイント

さまざまな企業、あるいは国内外の政府系組織を機能させるオーガナイザーの役割も務めることから、周囲と目標を共有し達成するリーダーシップはもちろんのこと、立場や価値観の異なる参加メンバーをまとめる調整力が求められます。

Q1 〉商社の仕事をあなたなりに説明してください

A 最近は電子商取引において直接的な取引スタイルが浸透し、仲介という役割の存在意義を問われ、“商社不要論”などが提唱されたこともありました。しかし商社は、EC市場、投資やリスクマネジメントなど多くの事業に貢献し、現在もそれらを支え続けています。モノやサービスだけではなく情報の時代における業務であるからこそ、大事なのはチャレンジ精神と優秀な人材やそのネットワークです。私は情報収集する意欲、情報分析力、コミュニケーション力に長けた人やそのネットワークが商社の大きな力になっていると思います。

GOOD 仕事内容だけでなく、求められる人材像まで理解している

改善 業務理解度が問われている。業務内容をより詳しく述べよう

業界の傾向

時代の先取りで事業内容を柔軟に変えてきている。世界的な需要の高まりが見込めることから、資源事業では脱炭素の流れで再生可能エネルギーなどに関心を寄せ、またIoTやAIへの取り組みなども目立つ。

Q2 〉当社で手がけたいビジネス、当社で働く中で獲得したい経験やスキルを教えてください

A 自らが主体になって人、モノ、国をつなぎ、社会に新たな価値を提供したいです。私は人を豊かにするのは「つながり」であると考えます。留学中、多様な人と触れ合う中で、異なる視点や価値観に気づきました。また、協働することで大規模な企画の成功にもつながりました。この経験から、「つながり」が私自身と組織の可能性を広げ、それまでにない価値を生むことの面白さを実感しました。御社で、自らが主体となって国境や事業の壁を越えて「つながり」をつくる経験を積み、人や事業の可能性を広げ、豊かな社会の実現に貢献したいです。

GOOD 商社のビジネスモデルに沿った強みをアピールできている

改善 その企業だからこそ得られるスキル・経験を述べよう

Q3 〉あなたが周囲から信頼されるために大切だと考えることは何ですか？

A 「相手を受け入れるコミュニケーションを意識すること」です。私は高校や大学の夏休みを利用して、海外へ短期留学やホームステイをしましたが、まずなるべく早く周りとの信頼関係を築くため、話す側ではなく聞く側に回り、相手に受け入れてもらう前に相手を受け入れることを心がけました。また、相手の文化や人間性も受け止めるようにしました。意識が行動を変え、自然と会話が増えることで、相手も自分を受け入れてくれます。その積み重ねによって信頼関係が生まれると考えています。どんなときでも自分本位にならないことが大切です。

GOOD 人ありきのビジネスのため、顧客志向が伝わるよい強み

改善 根拠となるより具体的なエピソードがあれば説得力が増す

Q4 変革を求め何かをやり遂げた経験と、そのプロセスを教えてください

A 高校の剣道部で文武両道を体現し、部活動制度を改革しました。勉学優先だった母校では、練習日が週2回に制限されていましたが、やはりライバル校に勝つには練習量を増やす必要があるという結論に至りました。そこで、学校に対して部活動制度の改革を訴えるべく、部員全員の成績向上に挑みました。勉学に響かなければ、練習量を増やしても学校や保護者の憂いはないだろうと考えたわけです。当初は多方面から反対されたのですが、学習アプリで互いの学習履歴を共有し、苦手な科目があれば得意な部員が教え合うことで全員の成績が向上し、練習日を週4回に増やすことが認められました。

GOOD 論理的な文章構成かつエピソードも納得感がある

改善 本施策の意思決定者なのかどうか自身の立場が明確だと、なおよい

Q5 当社を志望する理由について、「人生経験の中で何がどう影響を与えたのか」を交えてお答えください

A 「異なる商材や価値をつないだ事業を自ら創ること」を目指し、御社を志望します。理由は、サッカーにおける私の役割が影響していると思います。司令塔として、異なる持ち味の前線の選手を牽引しながら、個々の選手の良さを活かし、それらを組み合わせることで、よりよい攻撃をつくることにやりがいを感じてきたからです。よって、異なる商材やニーズ、価値を組み合わせ、新たな価値をつくり出す商社の仕事がしたいと考えました。中でも、ビジネスをつくるだけにとどまらず、商社の機能を駆使してお客様と事業を育てていく、御社の「事業創造」に魅力を感じます。

GOOD 人生経験におけるやりがいと商社の仕事の特徴がマッチしている

改善 「事業創造」になぜ魅力を感じるのかを述べると、なおよい

アピールポイント リーダーシップや調整力、できれば語学力も。

Q6 グローバル力を身につけるならどこの国に行きたいか、理由とともに教えてください

A シンガポールです。バックパッカーとして訪れたことがあり、そこで「相手の文化を尊重すること」の大切さを学びました。シンガポールは多民族国家で、宗教も多様です。例えば、イスラム教には「ハラル」という食文化がありますが、そのためハラルマークを掲げたり別メニューを用意していたりする飲食店が多く、それぞれの文化を尊重した取り組みを垣間見ることができました。「グローバルな力」とは、自分と異なる宗教や考えを持っている人に偏見の目を向けず、相手を受け入れて共存する力であると考えます。以上を理由に、かつ世界の経済情報が集まるシンガポールを選びました。

GOOD 実体験に基づいた具体的なエピソードがあるのがよい
改善 より論理的な文章にすべく、グローバル力の定義を初めに述べよう

Q7 今後、取引先相手として尊重すべきなのは、どの国だと思いますか？

A 世界的なメジャー企業がほぼ寡占している状態の資源において、日本は資源不足という課題を常に抱えています。商社としては、東アジアや東南アジア諸国に拠点を持ち、サプライヤーや鉄鋼企業などと組んでいくことが、今後ますます重要になるのではないでしょうか。私は現在、英語のほかに中国語も勉強しております。アジアでのビジネスにとても興味があるので、語学力があれば、現地の方とのコミュニケーションもとりやすく、業務が円滑に進められると思います。中国の企業ともビジネスを展開している御社で、ぜひ働きたいと考えています。

GOOD 業界研究をしているのが理解でき、スキルもアピールできている
改善 結論から述べよう。また、なぜその国なのかをより具体的にしよう

保険

どんな業種？

死亡・入院時に保障する生命保険と事故・災害時に保障する損害保険とがあります。収入源は主に2つ。保険料収入と保険料収入ほかを元手とする資産運用による収益です。生保はコロナ禍で対面から非対面営業の比率を高め、損保は自然災害の多発化で保険料を値上げする方向。生保・損保ともに海外展開のほか、環境・社会・統治に対する企業姿勢を重視したESG投資など、新たな投資先が期待されます。

攻略＆アピールポイント

最低限、保険の仕組みは理解し、さらに「外貨建て保険」など商品についての知識を押さえておきましょう。その上で社会ニーズに即した商品開発や資産運用に関する意見が求められます。また服装や髪型、靴など身だしなみには注意が必要です。

Q1 〉 生命保険業界を選んだ理由と、その中で当社を選んだ理由を教えてください

A 人や企業の課題解決に貢献し、お客様を支えたいからです。塾講師や訪問販売の経験から、自分の知識や提案を通して課題解決に貢献でき、感謝された際に大きなやりがいを感じました。よって、将来はライフステージに寄り添い、人の一生を支え続ける生命保険業界で働きたいと考えました。中でも御社は、「お客様第一」という基本理念を掲げ、大手生命保険会社初の株式会社化や積極的な販売チャネルの開発、さらに海外進出など、お客様に選ばれるための変革に挑戦し続ける姿勢に魅力を感じました。

GOOD 自身の経験に基づくやりがいを、業界を選んだ理由と紐づけていて説得力がある。また、業界研究・企業研究の理解が深いこともわかる

業界の傾向

低金利の長期化から生保各社は未公開株企業への投資を広げている。ファンドへの出資も盛ん。損保は毎年発生する自然災害に対して、デジタル技術を駆使した防災・減災向けサービスの開発など、新しい取り組みがカギを握る。

Q2 〉損害保険のイメージと携わりたいことについてお答えください

A 主に2つあります。1つ目は、人や社会の基盤を支えるイメージです。損害保険は安心で安全な社会の基盤をつくり、何気ない日常を支える社会的貢献度が高い業界だと感じます。2つ目は、変革の時期に必要なイメージです。これまでは万が一のときに保険が救いの手を差し伸べてきましたが、これからはデータを解析する必要性が高まり、分析結果を活かして、リスクを低減する方向に転換していくと考えます。私は御社でデータ分析を通じて、いままでにない新商品の開発に携わりたいと考えています。

GOOD 損害保険の社会的役割や存在意義を理解していることが伝わる

改善 「商品開発業務」に興味を持ったきっかけがあると、なおよい

Q3 〉高齢化社会での生命保険のあり方について、どう考えていますか？

A 少子高齢化による人口構成の激変がカギになると思います。公的年金において、現在は2人の勤労世代が1人の高齢者を支えていると言われており、今後も勤労世代の割合は減少していくと予想されています。高齢者の方々への配慮も課題とは思いますが、勤労世代に大きな負担がかかる時代になっており、今後もそれが加速していくことに着目しました。だからこそ、生活や人生に対する安心感を生命保険でサポートすることができればと考えています。御社で、今後の生命保険の可能性を熟考し、時代に即した商品を考案したいです。

GOOD 具体的な数値に基づいて意見を述べているため説得力がある

改善 「時代に即した商品」を具体的に説明できると、なおよい

金融（銀行）

どんな業種？

規模によって大手（メガバンク）、準大手、地方に分かれます。これにネット銀行が加わり、海外銀行も日本拠点を設置しています。超低金利の環境下で各社とも厳しい舵取りを余儀なくされていますが、コロナ禍によって資金繰り需要が増大、恵みの雨となりました。ただし将来の不良債権化の危険性は残り、与信費用が重荷になる面も。地銀は統合を後押しする優遇策が相次ぎ、再編の動きが止まりません。

攻略＆アピールポイント

当然ながら金融や経済に関する知識は質問されます。専門性を見るためにゼミや卒論の内容も詳しく聞かれる可能性が高く、そこから導き出した考え方で差別化を図るとよいでしょう。身だしなみのほか、落ち着いた話し方も大事です。

Q1 ＞ 当行を志望した理由を教えてください

A 志望する理由は2つあります。1つ目は、塾講師の経験から、自分の付加価値を生み出せる仕事がしたいと考えているからです。とことん人に寄り添い、自分が付加価値を提供することによって、信頼を勝ち取ることができる行員になりたいと考えています。2つ目は、国内はもちろんですが、御行は海外ネットワークでも他の邦銀を凌駕しているため、世界を相手に仕事ができる点に魅力を感じました。国内だけでなく、世界中の人々を支えられる行員になりたいと考えています。

GOOD 他行と比較しながらその銀行でなければいけない理由を伝えている

改善 「海外事業」になぜ魅力を感じるのかがあると、なおよい

業界の傾向

大手は従来からの海外展開に加え、今後は脱炭素社会に向けた投資やDXを活用した経費削減が焦点に。人口減少の問題を抱える地銀は地銀同士による再編のほか、証券系やIT系による業務提携も盛んだ。

Q2 〉当行の業務で興味のあるものを挙げてください。また、その理由についてお答えください

A 「ホールセール」「国際」「ファイナンシャルソリューション」の3つの業務です。理由は2つあります。1つ目は、オーケストラで培ってきた、周りと信頼関係を築き上げる力を活かし、お客様のパートナーとして、二人三脚で事業を成功させていきたいからです。2つ目は、ボスポラス海峡トンネル事業やｉPS細胞研究への資金投資など、世界に大きな影響を与えるプロジェクトに携わりたいからです。お客様の「やりたいこと」の実現を通じて、世界の根幹を支えたいという思いから、上記の業務に魅力を感じています。

GOOD 結論から述べているため理解しやすい。また具体的なプロジェクトを交えながら説明しているため、将来像が明確に伝わる

Q3 〉当地銀で実現したいことは何ですか？ そこにあなたの経験や強みをどう活かせますか？

A 生まれ育った町の企業支援をしたいです。生徒数を増やすことで、アルバイト先の学習塾を経営面からサポートした経験があります。その経験から「企業の支援や挑戦の後押しをしたい」と思うようになり、同じような悩みを抱えた中小企業を支えたいと思いました。銀行は企業に対して適切なコンサルティングを行い、企業活動を推進していくことができます。中でも御行は、お客様のニーズにいち早く対応し、最適ソリューションを提供できるグループ体制や事業評価制度があるため、地域のお客様の企業活動に強く貢献できると思います。

GOOD 自身の経験におけるやりがいと地銀の仕事の特徴がマッチしている

改善 自身の強みがどのような点で活かせるのか述べられていない

金融（証券）

どんな業種？

個人が相手のリテール部門と、法人向けのホールセール部門とに大別され、前者は株式売買ほかの手数料、後者は増資や社債発行時に伴う手数料が主な収入源になります。国内大手はここ数年、手数料依存体質からの脱却が課題と言われていますが、その背景には個人客の獲得で躍進するネット証券の存在があります。今後はM&Aの仲介や助言、トレーディング業務など収入源の多様化が課題です。

攻略＆アピールポイント

押しの強さや元気の良さだけでは通用しません。AI を駆使した商品開発やサービスをわかりやすく説明できる、市場を冷静に分析できる、などの力が特に求められます。「フィンテック」や「NISA」といった業界ワードは押さえておきましょう。

Q1 証券営業という仕事の醍醐味、やりがいや難しさをどのように考えますか？

A 醍醐味は「信頼関係を築き、その人間力で商品を売ること」と考えます。証券という無形商材を販売するのに、会社同士で大差はなく、差をつけられるとすれば「人間力」です。スキルと知識を磨き上げ、私自身から証券を買っていただき、資産形成の手助けをするという顧客への貢献と自身の成長に強いやりがいを感じます。投資に消極的な日本において、新規顧客から証券を買っていただくことは非常に難しいですが、自身の強みである「傾聴力」を活かして顧客の信頼を獲得し、持ち前の「負けず嫌い」で乗り越えていきます。

GOOD 国内の市場環境を適切に理解しており、志望度の高さが伝わる。また証券営業に直接役立つ自身の強みもアピールできている

業界の傾向
無店舗のネット証券に対抗するため、大手は店舗統廃合でコスト削減を図る。国内の株式売買による手数料の引き下げ競争は落ち着いてきたが、米国では無料化の流れもあり、その対応に注目が集まる。

Q2 ＞ 人生において自分以外の人のために行動した経験を3つ、その背景とともに教えてください

A 1つ目は所属する運動部でケガをした際、サポートに徹した経験です。レギュラーを外れた悔しさはありましたが、優勝というチーム目標達成のために、率先して雑用やアドバイスを行いました。2つ目は中高で6年間、文化祭実行委員の幹部を務めた経験です。文化祭を円滑に進行し在校生や来場者に楽しんでもらうために尽力し、やりがいを実感しました。3つ目は中学生のときに老人ホームを訪問した経験です。私は友人と練習を重ねて歌を披露しました。多くの拍手と笑顔を頂戴した上に元気になってもらい、達成感を味わえました。

GOOD 3つの経験が簡潔にまとめられている。また、それぞれ経験から目的意識を持って行動していることが伝わる

Q3 ＞ 最近気になったM&Aや資金調達は何ですか？またその理由について述べてください

A 電機メーカーP社の4000億円の社債発行です。私は社債発行の理由となぜ銀行融資ではないのかという2点に興味を持ちました。これだけ多額の社債を発行することは株主資本比率を低下させることになり、財務体質の改善を進めていた戦略と矛盾すると感じました。次に、なぜ銀行融資ではないのかについてですが、銀行融資のほうが金利は低いけれども、経営の自由度を失ってしまうかもしれないリスクを抱えます。本件は社債発行の理由を学ぶことができ、資金調達についての理解を深める機会を与えてくれました。

GOOD 自身の考えをもとになぜ興味を持ったのかを明確に伝えている

改善 理由として挙げた2点の疑問に対する解答があると、なおよい

Q4 あなたがこれまでの経験の中で発揮してきた「〇〇力」は何ですか？

A 対人関係における「調整力」を発揮してきたと考えます。私は、人間関係において考え方の違いは気にならず、むしろ自分にはない考え方や意見の人の話を聞くことによって、自分の世界が広がると感じていたので、コミュニティの中でも1対1の関係を築くことを意識してきました。そしてさまざまな場面において、1対1の信頼関係をベースに、より大きな関係の調整役を担ってきました。この「調整力」は、大学やアルバイト先などの対人関係のほか、創設したサークルで新規メンバーを獲得するときやサークル運営で意見が対立したときにおいて、特に発揮されたと思います。

GOOD 強みを述べるだけでなく、それを身につけた背景も書いている

改善 「調整力」を発揮した場面を掘り下げてより具体的に述べよう

Q5 投資銀行部門において最も関心のある業務を教えてください

A 最も関心のある業務はIPOです。なぜなら、私の軸である「企業の成長の後押しをしたい」という思い、これを最も果たせる仕事であると考えるからです。IPOは、上場という目標に向かって何年もの間、スタートアップ企業に寄り添いながら、仕事をしていきます。その結果、上場を果たした企業は新たな資金調達の方法を得て、さらなる成長を歩んでいくものと考えます。そうした点で、この仕事は企業の成長を一番肌で感じられるはずです。また、投資銀行であれば上場後もM&Aや増資など、それ以降の成長に関わっていけることにも魅力を感じています。

GOOD 働く上での軸と関心のある業務がマッチしている

改善 自身の軸の根拠となるエピソードがあればより説得力が増す

アピールポイント わかりやすい説明力、冷静な分析力。

Q6 「プロフェッショナリズムとは何か」についてあなたの考えを教えてください

A 私の考える「プロフェッショナリズム」とは、「常に当事者意識を持ち最良の結果を目指す」ことです。きっかけとなった経験は音楽イベントの運営です。大学1年のときから音楽イベントの運営会社でアルバイトをしてきましたが、「運営のプロ」という自覚を持ってさまざまな業務を行ってきました。どうすればよりよい運営を行えるかを探り、会場設営の時間短縮やイベント中の警備の徹底をするなど、イベントの主役であるお客様とアーティスト双方の視点に立つことにしたのです。常に当事者意識を持って最良のイベントづくりに挑戦することで、双方からお褒めの言葉をいただけるようになりました。

GOOD 自身の経験に基づいて考えを述べているため説得力がある

改善 プロフェッショナリズムを持って働くことを伝えられると、なおよい

Q7 10年後に投資銀行業務のあり方はどのように変わると考えますか？

A 投資銀行業務は10年後、いまよりもよりグローバルな案件に対処することを求められると考えます。理由としては、現在の日本の経済・社会情勢を踏まえれば、人口が減り続けている日本市場は、年々小規模になっていくと推測されるからです。日本企業が成長するには、海外への進出や海外企業の買収などの動きが求められるでしょう。その中で、投資銀行としてクライアントから選ばれるのは、「日本企業から高い信頼を得ている」「大きなグローバルネットワークを有し、最大限に活かすことができる」この2つの要素を持っている御社だと考えます。

GOOD 業界研究をしているのが理解できる。さらに、業界動向を踏まえた上で志望動機を述べているため志望度の高さが伝わる

メーカー（食品・飲料）

どんな業種？

食品メーカーは小麦粉など食品原料を製造する会社と、パンや菓子など加工食品を中心とする会社に分かれます。飲料メーカーはまた、清涼飲料水かアルコール飲料(酒類)かで二分されます。実際には大手メーカーの多くが分野をまたぎ、家庭用と業務用の両方を手がけています。ロシアのウクライナ侵攻の影響を受け、原料価格が高騰したことにより、食品の値上げをせざるを得なくなるなど、打撃を受けています。

攻略＆アピールポイント

生活者の嗜好の変化をくみ取り、絶え間ない新商品の企画・開発が求められます。したがって食への関心はもちろん、世の中の変化を敏感に察知するアンテナや、捉えた変化を製品に落とし込む企画力、実行力、そしてプレゼン力が重要です。

Q1 〉デジタルテクノロジーの進化によって最近、社会や生活で変わったと思うことを教えてください

A 最も強く感じるのは、待ち時間が減ったことです。具体的には、ファストフード店のモバイルオーダーシステムや、ECサイトで購入した物品の配達がデジタル化されるなど、さまざまなテクノロジーによってサービスの提供方法が大きく進化したこと、それが待ち時間の削減につながっていると思います。一方で、それらのテクノロジーを使いこなせていない人々も存在し、革新的な技術が本来の価値をあまり発揮できていない場面も見受けられます。いかに、新技術を人々に利用してもらうかが課題となっているように感じます。

GOOD 食品メーカーに関連するテクノロジートレンドが述べられている

改善 提示した課題に対して、解決策を述べられると、なおよい

業界の傾向

少子高齢化と女性の社会進出、若者のアルコール離れが進む中、国内向けでは高機能性食品や高齢者向け商品などの開発が中心に。また、日本の味が受け入れられやすい中国やインド、東南アジアへの進出が目立つ。

Q2 ゼロから何かをつくり出した経験で、自分の強みをどのように活かしたかを教えてください

A 私は予備校で学習指導を行っていますが、創意工夫できる強みを活かし、「英語音読会」を発案して生徒の来校を促すことができました。担当していた5名の成績不振者は、勉強に面白みが感じられず継続して来校しないのではないかと考え、楽しく勉強できる環境が必要だと感じました。座学ではなく、立って声に出しながら英熟語を暗記した後、クイズを行う音読会を行いました。勉強に対する抵抗感がなくなった結果、週1回の来校頻度が4回に増加したのです。何が問題かを探り、課題に即して新しい解決策を実行できたと思います。

GOOD 人数や来校頻度など具体的な数字を示しているため想像しやすい

改善 結論を簡潔に述べるように意識し、場合によっては分けて伝えよう

Q3 あなたの一推しの「大好きなグルメ」について、魅力が伝わるように紹介してください

A 私はカレーが大好きで、いままでさまざまなお店に行きましたが、一番美味しいのはやはり家で食べる母親の手作りカレーです。母のカレーにはお店では味わえない安心感があり、一口食べるとホッとします。少し甘めで野菜たっぷりの特製カレーは「味」「栄養面」「愛情」を兼ね備えた、まさに最高のグルメです。食卓を囲んで家族とそのカレーを食べる時間は、幼い頃からの思い出も重なって非常に幸せな気分になります。本当に好きなものは、味以外にも多くの要因が組み合わさって生まれるのだと思います。

GOOD 味だけでなく栄養面や愛情などさまざまな角度から魅力を伝えている

改善 アピールポイントの内容を整理して、エピソードを加えると、なおよい

交通（鉄道・航空）

どんな業種？

国民の生活に欠かせない社会インフラ産業であり、鉄道各社は本業のほか流通や不動産など、多角化経営が既に進んでいます。鉄道・航空業界ともにコロナ禍で大打撃を受けましたが、旅行需要の回復で利用者数はコロナ前の水準に回復する見通しです。一方、リモートワークの浸透で単価の高いビジネス需要の回復は遅れをとっており、料金の値上げや赤字路線の見直しなどの体質強化が求められています。

攻略＆アピールポイント

国民の生活を支える業務であり、強い使命感と自己管理能力を要します。職種が多岐にわたる巨大組織であることから、それぞれの立場で自己のスキルを活かしつつ、システムを円滑に運用するためのチームワーク力が何よりも求められます。

Q1 ＞ あなたの考えるサービスとは何ですか？

A サービスとは、「お客様が満足するために提供するもの」と考えます。そして、サービスには形のある「物質」と形のない「精神」の両方が含まれると思いますが、どちらにおいても重要なのは「いかにお客様に満足してもらうか」です。この目的を果たすには、実際に意見を伺ってお客様目線で考えたサービスをつくり、改善し続ける必要があります。しかし、お客様が増えるにつれて価値観が多様化し、満足度を向上させるのが難しくなることがあります。この課題の解決には、サービスを提供する側の多様性も必要であると考えます。

GOOD サービスの定義を明確にしてから考えを述べているため説得力がある

改善 課題の部分を実体験と結びつけて伝えると、なおよい

業界の傾向

利用者数はコロナ前の水準へ回復を見せつつも、リモートワークの定着で通勤や出張の需要は減少する見立て。駅ナカ、空港を活用した新たなビジネスサポートや柔軟な料金設定などが必要になる。

Q2 当社が行っている事業や取り組みで、どのようなものに携わってみたいですか？

A 「お得なきっぷ」事業に携わりたいです。中でも、都心部ではなく地方の旅を舞台とした提案を行いたいです。私自身がフリーパスを利用した電車に揺られ、沿線の風景を見ながら目的地を目指す旅が好きなので、その魅力を強く実感しています。また、フリーパスの良さは、目的地に着く前でも気になった場所があれば、途中下車して寄り道ができる点です。この自由気ままな旅の素晴らしさを世の中の人々に伝えたいと思い、フリーパスを利用した観光の提案が行える「お得なきっぷ」事業に携わりたいと考えました。

GOOD 実体験に基づいた具体的なエピソードがあるのがよい。また、働く上で成し遂げたいことが明確な点も評価できる

Q3 自分自身に課しているルール（いつも心がけていること）について教えてください

A 主体的に行動し努力する姿勢です。そうすることで周囲の信頼を得て、成果につながることを経験したからです。消極的な性格を変えたくて、タイの研究留学に挑戦しました。現地の学生と協力して研究成果を挙げることを目標にしましたが、専門知識が浅く、このままでは成果を挙げられないと感じ、もっと主体的に取り組むことが必要だと考えました。わからない用語はすぐに調べ、外部への研究発表を自ら引き受け、休憩中も互いの文化を尊重するなどして信頼を深めた結果、納得のいく成果を挙げることができ自信になりました。

GOOD 留学経験に基づいた具体的なエピソードがあるので説得力がある。また、人々との関わり方から周囲を巻き込む力があることも伝わる

運輸・物流

どんな業種？

陸・海・空また国の内外を問わず、人と物を運ぶのが運輸・物流業です。企業向けではサプライチェーンのグローバル化に伴い、物流全般の効率化に対する提案とサービスを行います。個人向けではECの浸透で、宅配便の需要が増加の一途をたどっています。とりわけコロナ禍で悪化していた需要の急回復により扱い量が増え、ドライバーの高齢化と人材不足が業界全体で深刻になっています。

攻略＆アピールポイント

人手に頼ってきた業界はいま、変換点を迎えています。キーワードは「ロジスティクス」。物流におけるトータルでの最適化を指しますが、そこで求められるのは論理的思考と周囲を巻き込み変化を起こすリーダーシップ、そして変化対応力です。

Q1 〉あなたの考える当社の強み、弱みを教えてください

A 運べる物の種類と輸送可能地域の幅広さ、また情報・安心などの付加価値によって、ただ物を運ぶだけではなく依頼者が望むサービスを実現できるのが強みと考えます。種類の幅広さは、御社の高い技術と実績に基づいています。輸送可能地域の広さは、世界600以上の拠点一つひとつと連携したノウハウが支えています。付加価値は、輸送先のお客様も満足するサービスを提供することで生まれます。一方、弱みとしては海外での知名度の低さが挙げられ、これは海外の競合他社と価格で比較されるのが一因と考えます。

GOOD 論理的な構成かつ情報量も十分であるため納得感がある

改善 企業の弱みに関して解決策まで考えられると、なおよい

業界の傾向

自動ピッキングロボットやAI、ビッグデータによる需要予測など、最新のテクノロジーを活用して人手不足を補う動きが加速。また、脱炭素社会を目指す観点から、トラックのEV化や共同配送の取り組みも始まっている。

Q2 〉クラブやサークルなどの集団に入った場合、あなたはどのように行動するタイプですか？

A 協調を大切にしながらリーダーとして周囲を引っ張ることが多いです。新入生歓迎合宿の運営時に、履修に関する資料を作成する必要がありました。リーダーの私は仲介役として何度も意見のすり合わせに努めたことで、有益な資料を新入生に提供することができました。この経験からさまざまな関係者を巻き込み、チームで成果を挙げるには、対話の積み重ねが大切だと学びました。物流の安定供給に向けて、キャリア会社や顧客企業など立場の異なる人々と連携することが求められる御社で働く上でも、必要な資質であると考えます。

GOOD 実体験に基づいて説明しているため説得力がある。また、入社後に活かせる自身の強みも述べており、志望度の高さが伝わる

Q3 〉学業や趣味などを通じて習得した専門的知識について、わかりやすく解説してください

A 金融商品取引法のゼミでの研究です。高齢化が進んでいく中、日本では今後、投資がどのような役割を果たすのかといったことを研究しています。近年はマイナス金利や低金利の世の中になっており、銀行やタンス預金のみでは資産が増えることはありません。投資はちょっと怖い、難しいというイメージがあると思いますが、少額から始められる上に、うまくいけばリターンも大きい商品です。そのため、今後は投資が世の中で当たり前になり、資産が大量に動く世の中になるのではないかと思っております。

GOOD 専門知識を持たない人でも理解できるように説明している

改善 投資の一般論に加えて、研究内容をもう少し詳しく説明してもよい

情報・通信

どんな業種？

情報・通信技術を駆使する、いわゆるIT関連業界は、数ある業界の中でも最先端であり、重要度が高い分野です。通信キャリアが進める5Gは未来の社会基盤であり、あらゆるモノをインターネットに接続させるIoTによって、ライフスタイルや産業の構造自体が変わると考えられています。ユーザーが自身のアバターを操作することで、ビジネスを行うことができる、メタバースに注目が集まっています。

攻略＆アピールポイント

IT に関する知識はもちろん、最新の技術に触れる業界であり新しいモノ・コトを取り入れていく向上心が欠かせません。またテクノロジーと課題とを結びつけ問題解決を図る好奇心、異分野の人とも協働できるコミュニケーション能力も必要です。

Q1 〉 どのようなIT技術者を目指しているか、具体的に教えてください

A IT技術はもちろんのこと、ヒューマンスキルと担当領域の知見との3点を兼ね備えた、顧客視点の理想を的確に形にできる技術者を目指しています。飲食店2店舗でのアルバイトを通じて、お客様の想像を超える価値を提供するには、調理技術、接客時の適切なコミュニケーション、提供料理に関する知識の3点が重要だと感じました。これは、ITソリューションを求める取引先に対しても同じことが言えると思っており、一人でも多くの人が最先端の技術の恩恵を受けることができるように尽力していきたいです。

GOOD 〉 3つの特徴から理想のIT技術者を伝えており説得力がある

改善 〉 IT技術者といっても幅広いので、技術面に関する事柄にも触れよう

業界の傾向

情報システムの刷新はもとより、既存の業務を抜本的に変革するDXの必要性が認識され、多くの大企業がIT投資拡大を計画。自社およびグループ企業の見直し競争が始まっている中、情報・通信業界の存在感がますます高まる。

Q2 〉IT業界の中でも特に興味のある事業は何ですか？

A デジタルマーケティングに興味を持っています。日頃からよく利用している身ゆえ、恩返しの意味を込めて今回、感染症の拡大により打撃を受けたスポーツやエンタメ業界を活気づけることに貢献したいです。データ管理やAI分析による、適切なお客様へのアプローチや的確なタイミングでの情報発信が、ファンや収益の増加につながっていくと身をもって感じております。私の強み「お客様に寄り添って物事を考えられること」を活かし、お客様のニーズをくみ取り、スポーツやエンタメ業界のさらなる発展に貢献したいと考えます。

GOOD 論理的な構成かつエピソードも納得感がある。また、事業に活かせる自身の強みを示すことで志望度をアピールできる

Q3 〉注目しているインターネットサービス、もしくはテクノロジーと、その理由を教えてください

A 私が注目しているサービスは○○です。理由は大きく2つあります。1つは、社会的にシェアリングエコノミーが注目され、モノやサービスの使い方が多様化した時代に移行しているからです。その点、○○は車を持ち、すき間時間のある人と移動したい人とをつなぐ合理的なサービスと言えます。もう1つは、働き方の多様化につながるからです。これは、○○の姉妹サービスである△△にも言えることですが、時間に縛られずに働くことができるサービスの成長は、これまでのお金の稼ぎ方に変化をもたらすと考えています。

GOOD 異なる2つの観点から論理的にサービスの選択理由を説明している

改善 理由の部分を実体験と結びつけて説明できると、なおよい

新聞・放送

どんな業種？

新聞やテレビ・ラジオ放送は読者と視聴者の多さからマスコミ機関と称されます。各媒体とも収入において広告が占める割合が高く、2020年度の収入はコロナ禍で大きく減少しました。22年度は五輪の開催によって回復しましたが、若年層を中心に新聞やテレビなどのマスコミ離れは止まりません。今後は、ネットニュースや有料動画配信といったインターネットへの対応が不可欠と言えます。

攻略＆アピールポイント

いずれも「言葉」を道具とする仕事です。文法に則った正しい日本語を使っているか、基本がチェックされます。情報収集力は言うまでもありませんが、時事問題や制作物については実感に基づいた独自の視点を盛り込むことで高評価に。

Q1 〉当社の記者になりたい理由、記者として取り組みたいことは何ですか？

A 大学時代、所属する学生団体主催の政策立案コンテストにおいて、未就学児の教育や健康格差など認知度の低い問題を扱いましたが、どの分野にも話題になりにくい課題があること、自らが知ろうとしなければ社会問題は発信できないことを実感しました。また、これらの社会問題について官僚の方に話を伺った際、広報が不十分なため、必要な方に政策がなかなか伝わらないという課題があることを知りました。上記の経験や知識欲旺盛な性格を活かし、御社の記者として官僚と国民とをつなぐ架け橋的な役割を担いたいです。

GOOD 実体験から得た広報の問題意識が記者の志望動機とマッチしている

改善 記者として取り組みたいことに具体性を出せるとよい

業界の傾向

民放AMラジオ局の多くは2028年秋までにFM局への転換を目指すなど、マスコミ機関を取り巻く環境は大きく変化を遂げようとしている。顔の見えにくいマス向けではなく、明確にターゲットを絞った戦略とその質が問われる。

Q2 〉 あなたの「取扱説明書」をつくるとしたら、「取扱上の注意」は何か教えてください

A 「1つのことにのめり込みすぎてしまう」のが自身の注意点だと考えています。興味・関心を抱く事柄に遭遇すると、集中するあまり後のことを考えずに行動してしまうことがあるのです。例えば、私の寮では朝6時20分に起床しないと、30回の腕立て伏せが課せられます。それでも、大学も専攻学問も異なる寮友と夜通しで談笑や議論をしてしまうことがたびたびあり、時間通りに起床するのに大変な思いをしています。やはり物事の優先順位は大事で、それを頭の中に入れた行動を心がけるよう日々、改善を試みています。

GOOD 実体験に基づいた具体的なエピソードがあるのがよい

改善 「のめり込みすぎてしまう事柄」についての認識を明確にしよう

Q3 〉 テレビ局の今後にどんな可能性を感じているか、あなたの考えを教えてください

A テレビ番組は今後、若者世代を巻き込んだ議論の場として発展すると考えます。 テレビ番組の利点は本や新聞のように自ら読み進める必要がなく、インターネットのように自ら検索することもなく、スイッチを押すだけで情報を提供してくれるところです。日本ではタレントが政治や社会問題に関して発言すると敬遠される雰囲気がありますが、海外では俳優やアーティストが積極的に発言します。日本でも、若者世代に人気や影響のある人が「あなたはどう考える?」と呼びかければ、議論は活発化するのではないでしょうか。

GOOD テレビ番組の利点から業界の今後の展望を論理的に述べている

改善 テレビ局が抱える現状の課題をどのように解決するのかを示そう

メーカー（電機・精密）

どんな業種？

BtoC部門で、いわゆる白物家電を事業の軸としてきた電機メーカー大手は事業の選択と集中の結果、グループ再編や海外企業の買収、事業撤退などが相次ぎました。コロナ禍以降も優勝劣敗をめぐる競争は続きそうです。2022年の国内PC出荷台数は前年度比4.4％減の1123.4万台となり、2年連続の減少となりました。メーカー各社の新製品価格は上昇傾向にあることから、今後も出荷台数の減少が予想されています。

攻略＆アピールポイント

技術部門なら専門性は必須ですが、職種に関係なく質問されそうな自社製品について、製品への愛着や長所を挙げるほか、消費者目線の使い勝手や不満などを交えたら、逆に印象に残ります。困難や挫折を粘り強く突破する力も高ポイントです。

Q1 〉「我こそ〇〇である！」の〇〇に入る言葉と、それを選んだ理由を教えてください

A 「すぐに行動する挑戦家」です。私は、高校時代に初めて「簿記」について学び、興味を持ちました。基礎の学びで満足せず、より深い知識を必要とする日商簿記2級を取得しよう、という目標を掲げました。授業で対策できる内容ではありませんでしたが、積極的に講座に参加したり、地道な自主学習に取り組んだりして、最終的に目標を達成させることができたのです。このように、達成できるかどうかにかかわらず、すべての物事に全力で取り組むことができると自負しております。

GOOD 実体験に基づいた具体的なエピソードがあるのがよい

改善 働く上でも挑戦的な姿勢を大切にすると伝えると、なおよい

業界の傾向

電機業界では事業の多角化を維持することでコロナ禍を切り抜けた企業もあり、混沌を極めている。電子部品市場は5G関連の投資が需要を牽引しており、精密機器各社が成長分野として今後、最も注力するのは医療機器だ。

Q2 ものづくりに興味を持った理由を教えてください

A 幼い頃から、半導体メーカーの技術職として働いている父親に製品の話を聞いたり、近所の家電量販店へ連れて行ってもらったりしたことがきっかけで、ものづくりに興味を持つようになりました。特に、製品の中には多数の部品が入っており、それが進化することで製品の機能が大きく変わるという話を聞いたとき、部品の影響力の大きさを感じました。そのため、ものづくりの中でも特に部品に関わる仕事がしたいと思うようになりました。最近、日本の部品が世界の有名な製品を支えていることを知り、より強く感じます。

GOOD 興味を持った理由に加えて、携わりたい仕事も述べている。また、最新動向にも触れており志望度の高さが伝わる

Q3 日常生活の些細なことでかまいません。「革新の精神」で取り組まれたことを教えてください

A 高校時代に所属していた野球部で、現状に満足せず常に練習内容を変え続けました。試合もできない狭いグラウンド、毎日3時間しか練習できない環境で試合に勝つには、「練習の質」にこだわるしかありません。チーム全体で毎週末に行われる試合の反省を行い、毎週月曜日に練習内容を考えました。これにより、同じ練習を繰り返していたときに比べ、チームの課題について議論する回数が格段に増えたのです。この取り組みから、現状のスタイルを変え続けることで、自分たちの課題に真剣に向き合えることを学びました。

GOOD 自身の経験に基づいて考えを述べているため説得力がある

改善 自身がどのような立場から施策を実行したのかを述べると、なおよい

不動産

どんな業種？

主に開発、流通（賃貸・売買）、仲介、管理の4つに分類されます。コロナ禍で在宅勤務が浸透した結果、オフィス賃貸は空室率が上昇し、賃料が下落しています。用地を買収して商業施設やホテルなどを展開する事業も、業績は不透明感が拭えません。一方、都心の大型オフィスビルや利便性のよい高層マンションへの需要は底堅く、いわゆる「二極化」の流れはより強まるでしょう。

攻略＆アピールポイント

各企業がどのような大規模計画に取り組んでいるかをリサーチし、自分の強みがどう活かせるかを分析することが重要です。基本的には人と接する際の誠実さや説得力に加えて、計画を実現する行動力と粘り強さが欠かせません。

Q1 ＞ 不動産業界で挑戦したいこと、それを達成するのにあなたが活かせる強みは何ですか？

A 街に住む人の感情を動かし、価値のある街や建物をつくりたいです。そのために必要な力の1つは、誠実な姿勢によって信頼を得る力です。それによって用地獲得や周辺住民の潜在的ニーズを引き出すことができると考えます。もう1つは、負の感情を感じ取る力です。開発を行う際、最初から誰もが納得する答えはないと思うので、不満を少しでも緩和することが大事だと考えます。長時間を要する開発には未来を見据えることが必要ですが、必要なものを必要な場所や人のためにつくることができるように知識と経験を蓄えていきたいです。

GOOD 具体的な業務を挙げながら説明しており、業界理解度が伝わる

改善 なぜこのような思いを持ったのか、その背景を述べると、なおよい

業界の傾向

金余りを背景とした旺盛な投資意欲で不動産売買は好調を維持してきたが、直近では急減速。再生可能エネルギー・システムを搭載したオフィスビルの開発など、脱炭素社会を視野に入れた事業展開も注目される。

Q2 〉解決したい社会課題を1つ挙げ、街づくりを通してどのように取り組むか述べてください

A 「コロナ禍でのオフィスの空室率増加による、従業員の生産性低下」です。この課題に対し「人々が行きたくなるオフィスを創造する」というコンセプトの下、次の施策に取り組みたいです。1つは、ワーキングスペースを多く取り入れたオフィスの提案です。普段は距離を保ち仕事を行い、会議の際には話し合える空間をつくることは、アイデア創出につながると考えます。もう1つは、キッチンとオフィスなど異なる機能を合体させたオフィスの提案です。これにより、在宅勤務のような居心地の良さを確保した仕事空間を創造できると考えました。

GOOD 多機能オフィスの提案など、施策に創造性がある

改善 社会課題に対してその問題が起こる原因を述べると、なおよい

Q3 〉これからの「すまい」や「くらし」に大切だと思うことを自分なりにお答えください

A 街と人と自然とが一体になったコミュニティの創出です。精神的に豊かな生活を送ることができる場所が少なくなっていると、日頃感じるからです。しかし、人々はこの現状を都市の利便化・効率化の副作用と諦観し、両立の可能性に思いを巡らせることなく、コミュニティ創出というニーズを潜在化させているように感じます。コミュニティ創出という課題を考える際、犯罪防止や文化伝統の継承、環境負荷の低減といった諸問題も視野に入れ、ハードとソフトの両面から暮らしやすさを追求することが未来の街づくりに必須と考えます。

GOOD 論理的な構成かつ情報量も十分である。また、「街づくり業務」の社会的役割や存在意義を理解していることが伝わる

出版

どんな業種？

出版社を川上として卸の役割を担う取次、小売の書店というのが基本の流通構造です。書籍・雑誌（紙）の販売額は20年以上減少傾向にありますが、コロナ禍によるステイホームでやや回復傾向も見られます。市場規模で既に紙が電子に追い抜かれた漫画は、アプリや配信への対応など大手の取り組みに注目。一方、ECの普及で一般の書店は引き続き苦境に立たされ、取次も既存システムの改革を迫られそうです。

攻略＆アピールポイント

流通構造のいずれのチャネルにおいても、本や雑誌が好きなことは言うまでもなく重要です。幅広い情報収集力と好奇心、未知への探求心などのほか、時事問題や制作物への質問に対して、オリジナリティのある意見を用意しておきましょう。

Q1 〉あなたの理想の編集者像について教えてください

A 作家が集中できる環境をつくるために尽力できる存在だと思います。どうしたら作家に信頼されるかを考えながら、いつでも相談に乗り、アドバイスするために日々知識を蓄え、サポートしていきたいです。最終的に作品を仕上げるのは作家の力ですから、編集者として1つの作品を築き上げたいという気持ち以上に、1人の人間を支える存在、かつ頼られる存在として成長したいという気持ちで臨める人が理想と考えます。また、幅広い知識を活かし、コンテンツ拡大を貪欲に狙えるタフな精神も兼ね備えたいです。

GOOD 編集者の役割や業務内容を理解していることが伝わる

改善 自身の考えを整理して論理的な構成になるように心がけよう

業界の傾向

2022年の市場規模は前年度比2.6%減の1兆6305億円。巣ごもり需要の終息で4年ぶりのマイナスとなったが、コロナ前の19年比では5.7%増と市場は増加傾向にある。映画、テレビ、キャラクターなどの版権ビジネスも見逃せない。

Q2 あなたが想像する2030年の社会と出版社の姿について、できるだけ具体的に述べてください

A 現在のYouTube普及に見られるような、個々の関心に応じてコンテンツを選び取る傾向がますます強くなっていると考えます。電子書籍の普及も相まって、特定のジャンルに特化した電子書店が数多くつくられるでしょう。そのため、どの出版社も、どの書店にどの本を委託するかという戦略を考え続ける必要に迫られていると思います。インターネットは世界中へと浸透し、海外に日本の漫画やアニメーション、小説がより広まりました。しかし同時に違法アップロードも増加し、特に海外への対策を練るのに奔走していると想像します。

GOOD 業界の将来像を述べるだけでなく、企業の経営戦略まで考えている

改善 伝えたいことを整理して論理的な運びになるように心がけよう

Q3 あなたが一番に志望する部署はどこですか

A 私はファッション誌をつくる部署を志望します。ファッション誌を通して、楽しいことだけではない毎日に、その日の予定に合わせた“おしゃれ”を見つけ、楽しさを知ってもらいたいと思っています。具体的には御社の「○○○」で、いまの時期であれば型にはまりがちな就職活動の服装で、どう自分らしさを出していくかといった特集を組み、大変な日々の中でもファッションを楽しめる企画を考えていきたいです。「○○○」のモードな世界観を活かして、私たち学生でも挑戦できるようなコーディネートを提案していけたらいいと思います。

GOOD 志望部署だけでなく、取り組みたい企画まで考えている

改善 「ファッション誌」になぜ興味を持っているのかがあると、なおよい

広告

どんな業種？

テレビ、ラジオ、新聞、雑誌の主要マスコミ4媒体、ネット向け、屋外広告や折り込みチラシなど、多様なプロモーションメディアで構成されます。2022年の日本の市場規模は過去最高額の7兆1021億円に。好調のインターネット広告費は3兆円を超え、市場全体の成長を後押ししています。なかでも、テレビ番組の見逃し配信などのテレビメディア関連動画広告費は前年度比140.6%と伸長しています。

攻略＆アピールポイント

時代の変化に敏感なほうが好ましいですが、クリエイティブ部・営業部ともに基本は顧客対応です。したがってニーズを引き出す力や根拠のある説得力などコミュニケーション力が必須。ネットワークづくりなど人と人をつなぐ力も歓迎されます。

Q1 〉 あなたの「どうしようもなく好きでたまらないもの」について、その魅力を自由に語ってください

A 所属している「英語サークル」です。このサークルの魅力はコンテンツと環境の2つが挙げられます。まずコンテンツの魅力ですが、英語劇の活動では総勢200人のメンバーが約300万円もの予算をかけて行います。これほど大規模な成果物をつくり上げるのは困難でありつつ、やりがいは計り知れないものがあります。環境についての魅力は、中高時代の体育祭・文化祭を想起させるような、同じ方向を見て熱い思いを持つメンバーの存在です。モラトリアム期間と言われる大学生活において、最高に熱い青春を過ごすことができました。

GOOD 2つの面からサークルの魅力を伝えており説得力がある。また、人数や金額など具体的な数字を示しているため想像しやすい

業界の傾向

2023年の世界広告市場は100兆円超と予想される。国内同様、ネット広告がその伸びを牽引している。ネット広告市場の拡大によって日本でも個人情報保護の問題が本格化、その対応にも追われそうだ。

Q2 世の中や身の回りにおける「違和感」を教えてください。その違和感をどうしたいですか？

A 私は物事を二者択一で判断することに違和感を覚えます。世の中の多くの事象が二極で判断できないにもかかわらず、いまの世の中はこの概念に物事すべてを当てはめ、単純化して考える傾向があるように思います。二極で物事を捉え、単一の答えを迫ることは非常に簡単で、わかりやすいです。ただ、これでは本質的な問題や内在する価値・パーソナリティに目を向けることができないと思います。物事を捉える際に中間領域を認め、他の可能性を探る人材でありたいと考えます。

GOOD 違和感を述べるだけでなく、それとの向き合い方も説明している

改善 違和感に関して具体的な例を交えて説明できると、なおよい

Q3 アイディアと実現力で課題を解決したエピソードを具体的に教えてください

A アルバイトの塾講師でゲームを利用して生徒の勉強へのやる気を引き出し、志望校合格に導きました。勉強に対するモチベーションが低い生徒たちに対して、成長を感じ取れる指導方法を確立することで、まずやる気を引き出すことが重要だと考えたのです。毎日の学習目標を定め、その目標を達成するごとに1マス進む成長体感ゲームをつくりました。そのゲームを通じて日々の成長を実感した生徒たちは、合格というゴールに向かって受験勉強を楽しむようになり、その結果、全員第1志望校に合格することができました。

GOOD 論理的な構成かつ情報量も十分である

改善 アイディアを実行する上での悩みや課題を述べると実現力が伝わる

エンタメ・レジャー

どんな業種？

エンタメ、レジャー業界ともにコロナ禍でリアル興行に大きな打撃を受けましたが、制限緩和に伴い市場は拡大。コロナ後も、巣ごもり需要で定着したオンラインライブやストリーミングサービス市場は成長を続けています。チケットシステムのオンライン化やITによるバックヤードの効率化、非接触型入場を実現する電子チケットなど業界のDX化が進んでおり、コロナ禍が業界を激変させています。

攻略＆アピールポイント

誰に向けて、何を使って、どんなことをしたいのか、具体的にイメージを発信するには情報収集力や企画力、柔軟な発想力が必要です。レジャー業界なら笑顔やハキハキした口調など、サービス精神がプラス評価に。

Q1 ＞ あなたの一番好きなエンターテインメントを教えてください

A 「キャラクター」と「音楽」です。どちらも他のエンターテインメントより日常との接点が大きく、心に寄り添ってくれるところが好きです。好きな理由は、前者で言えば○○は子どもの頃から慣れ親しみ、いまも変わらぬ姿でいることに安心感を覚えます。また、世代を超えて愛されていることで、年が離れた人との話題づくりにもなります。後者では、△△など楽曲によって大きく姿を変えるアーティストが好きです。メンバーの個性が光っており、何よりも本人たちが楽しんで活動していることが伝わってきて応援したくなります。

GOOD 論理的な構成かつ情報量も十分である。また、実体験をもとにさまざまな角度から魅力を伝えているため説得力がある

業界の傾向

エンタメ業界は、コロナ禍で定着した動画配信、定額制サービスが伸長。2022年はレジャー業界は、リアルイベントの制限緩和で市場は回復傾向にあり、売上高、入場者数ともにコロナ前の19年度の8 ～ 7割まで回復している。

Q2 〉この業界で成し遂げたいあなたの「野望」を具体的に教えてください

A 心を揺さぶる音楽の魅力を国内外に発信し、人々に「一歩踏み出す勇気」を与えたいと考えます。これまで人生のさまざまな場面で音楽に支えられ、背中を押されてきました。音楽には日常に寄り添い、前に進むきっかけを与え、ワクワク感をかき立てる力があります。幅広い事業領域でエンターテインメント業界をリードしてきた御社のフィールドを活かし、マーケティングや宣伝の仕事を通じて音楽の魅力を最大限に引き出すことで、世界中の人の心を動かす音楽体験を提供し、日常をより刺激的で豊かなものにしたいです。

GOOD 結論から述べているためわかりやすい。またその企業でしか成し遂げられない理由を伝えているため志望度をアピールすることができる

Q3 〉今後のエンターテインメントはどうなるか、またどのような価値を提供したいですか

A コロナ禍でエンターテインメントは心の拠りどころ、活力の源だとより強く感じました。同時に、アミューズメント施設やテーマパークなど、その場を訪れて提供できる「コト消費」の重要性と課題も感じました。そこで高齢者や障害者、あるいは外国の方など、さまざまな理由から訪れることが難しい方たちにも楽しんでもらうため、世界中の誰もがバーチャルでその場にいて楽しめるような施設づくりがしたいです。実際に訪れて楽しめるだけではなく、まるでその場にいるような体験ができる施設づくりを御社で実現したいです。

GOOD 実際に足を運んでみた感想を述べており熱意を感じる

改善 業界の今後について冒頭で触れるとより論理的になる

流通・小売

どんな業種？

大型小売業であるスーパーマーケットや百貨店では人口減少、ネット通販の伸長という理由から市場縮小を受け、企業統合を進めてきました。また衰退する地方店や不採算の小型店のスクラップも続くでしょう。家電量販店など大型専門店も需要の頭打ちを受け、商品・サービスの拡充を図っています。卸売業はメーカーと連携し、PB商品の開発を進め、独自色で小売り支援に向かいます。

攻略＆アピールポイント

メーカーや卸売業者との交渉に加えて顧客対応もあるので、もちろん、モノ好き、そして人好きのほうがよいでしょう。また売場は生き物ですから、変化への対応を苦にしない柔軟性や俊敏性、ときには走りながら考えるタフさも求められます。

Q1 〉これから流行りそうなモノ・コトとその理由を教えてください

A 「参加型エンターテインメント」です。SNSが生活の一部として欠かせなくなったいま、ユーザーの属性は大きく変わったと思います。人々は、SNSで自ら発信したことにリアクションがあることを快楽として感じるようになりました。それゆえに、消費者が「作り手」に回る参加型エンターテインメントが今後、さらに流行るだろうと思います。人々の自己承認欲求が高まっている時代だからこそ、観客としてではなく、参加することで反応が得られる参加型が注目されると考えました。小売りでも、このようなイベントを企画できたらと思います。

GOOD 現代社会の性質に触れながら考えを述べているため説得力がある

改善 提案内容について掘り下げて具体的に説明できると、なおよい

業界の傾向

ポストコロナ禍で、百貨店はコト消費にも力を入れるなど、顧客囲い込みに向かうと思われる。スーパーマーケットはネットスーパーをさらに拡充、コンビニエンスストアは無人化の一方、宅配サービスに注力する動きだ。

Q2 ＞ いままでどのようなホスピタリティある行動をしたことがありますか？

A ホスピタリティある行動とは「お客様一人ひとりの潜在的なニーズを満たすため行動を起こし、周りと協力すること」だと考えます。アルバイト先の商品販売で売り上げが伸び悩んだ際、「会話の中から悩みなどをうかがい、ニーズに合った商品を案内」「購入には至らなかったが、興味を持ってくださった方はメモに残してスタッフで共有」、この2点を提案しました。全店舗の中で売り上げ1位を獲得したほか、この取り組みを習慣化することで組織内の連携がとりやすくなり、お客様の生活をよりよくできるようになったと実感しました。

GOOD ホスピタリティを定義してから考えを述べているため説得力がある

改善 自身がどのような立場から施策を実行したのかを述べるとよい

Q3 ＞ 百貨店の仕事に興味を持ったきっかけ（理由）を教えてください

A 百貨店の仕事に興味を持った理由は主に2つあります。1つ目は、百貨店がその地域の発展と密接に関わっている場合が多い点です。趣味の旅行でさまざまな地域の文化に触れ感銘を受けてきたことから、将来は地域貢献性の高い仕事に就きたいと考えました。2つ目は、特に販売員はお客様と深い関係を築ける点です。個別指導塾の講師を約3年間務めていますが、生徒一人ひとりの性格や理解度に合わせた授業を行うことで生徒と信頼関係を築きました。この経験を活かしてお客様に寄り添った接客ができると考えます。

GOOD 百貨店の社会的役割や業務内容を理解していることが伝わる。また、実体験に基づいた具体的なエピソードがあるのがよい

メーカー（自動車・機械）

どんな業種？

傘下に多くの部品メーカーを抱える自動車業界はいま、EV車の伸張によって構造から変革を迫られています。コロナ禍で苦戦を強いられ、さらに半導体不足で供給が追いつかない事態に見舞われましたが、22年度は大手自動車メーカーの多くが増収増益を見込みます。製造業を支える機械もまた受注は回復傾向にあり、AIの進歩に伴って熟練労働者の不足をカバーする、さらなる自動化が進展しています。

攻略＆アピールポイント

部署によっては技術への専門性が問われるかもしれませんが、「CASE」など業界共通のキーワードは、どの部署が希望でも一通り説明できるように。志望企業の製品については賛辞だけでなく、消費者目線から分析した意見で納得を得ます。

Q1 〉「これは変えたほうがよい」と あなた自身が考えることは何ですか？

A 「就職活動期間の短縮化」です。就職活動の期間が短くなると企業の告知期間も短くなることでBtoC企業や大手企業に就活生の目が集中し、結果として競争率が上がり失業率も上昇すると考えるからです。これまでさまざまな企業を実際に見て回りましたが、日本には魅力的な企業が多く存在します。短期間で決めるのは惜しいと感じました。そこで、採用期間を限定するのではなく大学入学直後から長期休暇を利用するなどして、自由な採用活動を推進すべきであると考えます。そうすれば就業後のミスマッチも防げるはずです。

GOOD 課題を明確にし、自分の意見を論理的に述べている

改善 設問の背景や意図をくみ取って回答するように心がけよう

業界の傾向

自動車業界は次世代技術「CASE」（つながる、自動運転、シェアリング、電気自動車）への対応が急務。背景には脱炭素の流れがあり、まず電気自動車の開発が活発化。部品メーカーも同様の動きだが、自動運転ではIT企業の参入も。

Q2 〉 世界を相手にどのような仕事をしたいですか？ その理由とともに教えてください

A 御社の営業として、代理店や商社と協力しながら現地企業が抱えている課題をともに解決していきたいです。私はアルバイトを通じて、外国人スタッフと良好な関係を築きながら働く経験を積んできました。世界を相手に働く際、日本では考えられない常識や文化の違いがあると思います。そこで、これまでの経験を活かして積極的なコミュニケーションによって現地の人々の主張や考えを引き出し、受け入れながら良好な関係を築き上げ、現地企業の課題を解決するため、チームを牽引するリーダーとして活躍したいと考えています。

GOOD 業務内容を適切に理解しており、志望度の高さが伝わる。また営業活動に直接役立つ自身の強みもアピールできている

Q3 〉 当社でどのような能力・スキルを身につけ、どのように働き、活躍したいですか？

A 幅広い視野と専門的な技術力を身につけ、農業・水・環境事業にイノベーションを起こしたいと考えています。特に御社の製品は世界中で使われているので、さまざまな気候や土地、環境で活躍できる機器の開発が求められます。そのため世界中の現場の方の意見を取り入れ、広い視野を身につけたいです。そして実際の機器の開発では、どの技術から課題にアプローチするのか、あるいは技術を組み合わせて解決するのか、進化させて解決するのかといった判断が大切になり、多角的で専門的な知識も必要になってくると考えます。

GOOD 事業や製品について触れており、企業研究をしていることが伝わる

改善 その企業だからこそ得られるスキル・経験を入れよう

コンサル・シンクタンク

どんな業種？

いま、最も注目を集める業界です。これまでも企業の問題解決などを通じて経営戦略やM&Aの仲介に携わってきましたが、最近はDXに対応するため顧客企業のIT投資が積極化するのを受けて、分野横断的な総合化・大型化が目立ちます。外資系のほか、ITに強い総合電機業界からの参入組や、コンサルにとどまらずシステム開発・運用まで手がける国内シンクタンク系など、競争は激化しています。

攻略＆アピールポイント

まず問われるのは論理的思考力です。経営課題の解決に向けた幅広い専門知識に加え、現在はIT分野の知識も求められます。情報収集力や市場分析力、説明力のほか、最も重要なのは5年、3年先を展望して判断する力です。

Q1 日々生きる中で「おかしいな」と思うことを1つ挙げ、それについて述べてください

A 問題が発生したときに、責任の所在を明らかにしようとすることだけに終始してしまう風潮です。問題の原因を誰かの責任にしたところで、結局、問題は解決されていません。自分に責任がない場合でも、自分がどうしていれば問題を未然に防げたのか、被害が小さくできたのかを考え、自分の問題として捉えることは、問題解決の基本スタンスです。他人のせいにするだけで終わってしまっていては、問題解決を阻害し、ひいては能力の向上をも阻害することにもつながると思います。

GOOD おかしいなと思うことを書くだけでなく、向き合い方も説明している

改善 実体験に基づいた話など、具体例を示せると、なおよい

業界の傾向

業界を超えたDXへの取り組みは、コロナ禍をきっかけとしたテレワークの進展で、システム構築やクラウド事業を含めたデジタル対応のコンサル需要が急増。2017～21年で市場規模は1.6倍に拡大と、大きな成長を遂げている。

Q2 〉 特に携わりたいコンサルティング分野は何ですか？

A ヒューマン・リソース（HR）分野において、働く人のモチベーションを上げる企業づくりを行いたいと考えています。なぜなら、短期留学をきっかけに、日本の仕事満足度の低さを実感したからです。現在、IT化が進んで効率改善は浸透しつつあるものの、人材を活かしきれていないことに起因しているのではないかと考えます。提案で終わらず、その先まで携わる御社にてHR分野に特化し、提案ではなく企業の目指すべきところにまで携わることで、人を活かすコンサルティングを行いたいです。

GOOD 結論から述べているためわかりやすい。また実体験を交えて志望理由を説明しているため、将来像が明確に伝わる

Q3 〉 あなたがやっていて飽きないことを教えてください

A 型にはまらず、常に新しい挑戦ができる環境に身を置くことです。私は大学2年から3年まで区のユネスコ協会に所属し、海外から来た留学生との交流会を開催していました。その中で運営企画のリーダーを任されたのです。リーダーとして交流会の計画をまとめていく過程で、さまざまな視点からアイディアを出して実現したのですが、海外旅行やアルバイト、ゼミ活動などでは味わえなかった、これまで自分が経験したことのないことに挑戦できました。いままでとは異なる世界に取り組むことに面白さを感じます。

GOOD 留学生との交流会を含む、さまざまなエピソードから挑戦的な精神が伝わる

改善 なぜ挑戦できる環境に飽きないのか、その理由も伝えよう

サービス（外食・ホテル）

どんな業種？

外食産業は生活に密接している上に店舗の立地が重なりやすく、最も競争が激しい業界と言えます。また低コストの出店と多店舗化のスピードを求め、フランチャイズ制の採用も目立ちます。宿泊業界は付加価値追求のリゾートを含む高級ホテルと、ビジネスホテルとに二分されます。機能は宿泊をはじめ結婚式、宴会、レストランなどの一面もあり、取引先が多岐にわたります。

攻略＆アピールポイント

来店目的はさまざまですから、それぞれのニーズを的確に、かつ短時間で把握する観察力は重要です。さらに顧客の要望に対して笑顔で柔軟に応じる、つまり臨機応変さも求められます。ベースには「おもてなしの心」が絶対条件になります。

Q1 〉外食産業の今後はどうなると思いますか？

A 社会の高齢化に伴って、シルバー層に向けた健康志向メニューが考案されていくと思います。外食産業は、安心感や高級感を前面に押し出した店と、戦略を練った安価なチェーン店との二分化が進んでいますが、双方にとって重要なターゲットではないでしょうか。また、単身世帯向けのデリバリー・テイクアウト分野にも注目しています。一人暮らしの私はよく利用しており、各社ごとに注力しているサービスポイントが違っていて興味深いです。この経験を活かし、デリバリーやテイクアウト商品の企画立案に携わりたいと考えます。

GOOD 提案に具体性があるのがよい。外部環境の変化や企業の事業戦略の面から考察しており、業界理解度の高さが伝わる

業界の傾向

コロナ禍によるインバウンド需要の激減と外出自粛とで、大打撃を受けた。外食は中食（テイクアウト）や宅配サービスで、ホテルは運営コストの見直しとともに新たな需要を生み出すサービス創造で、生き残りを目指す。

Q2 ＞ これまでの人との関わりや接客経験などを当社でどう活かし、活躍したいですか？

A 居酒屋のアルバイトで培った「相手目線で物事を考える力」を活かして活躍したいです。一組ごとにお客様の嗜好や来店される目的は異なっています。ですから、雰囲気や目線、持ち物などをはじめ食事の早さや種類などをしっかり観察し、その方々に合わせた接客を行うことで、お客様の満足度が高くなることを学びました。この経験を活かし、すべての情報から、そのお客様へはどう関わることによって喜んでいただけるかを常に意識し、「満足を超えた感動を創造する」ことができるスタッフとして活躍したいです。

GOOD 論理的な構成かつ自身の経験に具体性もあるので理解しやすい

改善 スタッフとして活躍する姿をより具体的に伝えるとよい

Q3 ＞ あなたが他の人より優れているところ、これから伸ばしたいところを教えてください

A 私には強い精神力があります。これは自己肯定感が高いことに起因していると考えます。自己肯定感とは、自分のあり方を積極的に評価できる感情を意味する言葉です。友人に気づかされたのですが、両親は私のことを褒めません。正しくは褒められた記憶がありません。それが当たり前だと思っていました。そのため、私も褒められたくて行動するのではなく、自分のためという意識で過ごしてきたのです。私は自ら考え決断し、突き進むことができます。今後は広い視野を持って判断できるように、自らの器を大きくしていきたいです。

GOOD 家族や友人との関係から、深く自己分析をしていることが伝わる

改善 強い精神力を発揮したエピソードを加え再現性をアピールしよう

メーカー（医薬・生活）

どんな業種？

医師が処方する医療用とは別に、ドラッグストアや薬局で買える一般用医薬品がありますが、その出荷額は8400億円あまりと目されます。また、ジェネリック医薬品は政府設定の利用率目標が近年度中に達成されるとあって、むしろ今後の展開に注目です。コロナ禍でもトイレタリー関連やマスクなどの衛生関連には一定の需要がある一方、化粧品は2022年の出荷額が過去20年での最低金額を叩き出しました。

攻略＆アピールポイント

医薬品も化粧品も、例えば開発・製造部門ならば専門性が問われますが、営業であれば業界や自社製品への質問を通して、市場動向などの情報収集力、自社製品に対する分析力、販売先への提案力や交渉力などの資質がチェックされます。

Q1 〉医療のあるべき姿の実現に向けて、あなたが考える理想のMR像についてお答えください

A 医療を常に進歩させ続けることだと考えます。その理由は、医療が進歩することで患者さんに貢献できるからです。これを踏まえ、理想のMR像は、患者さんのことを第一に考え、貢献するために自主的に動き、その努力を惜しまない人材だと考えます。MRは医師に薬の情報を提供することによって患者さんに貢献します。ですから、薬の情報を常に収集し、情報をアップデートさせることで医療の進歩を後押しすることができ、結果としてエンドユーザーである患者さんに貢献することができると考えます。

GOOD MRの役割や存在意義を理解していることが伝わる

改善 理想のMR像を初めに述べて論理的な構成にしよう

業界の傾向

製薬業界大手は低迷する大衆薬に見切りをつけ、医療用に経営資源を集中するか、海外市場に活路を求める戦略で生き残りを探る。化粧品メーカーは高級化、スリム化、多角化、海外展開など経営戦略の選択肢を広げる模様だ。

Q2 これまでの人生で最もクリエイティブだと思うあなたの行動を教えてください

A バイクでのロングツーリングを通じて、新たな価値観を形成できたと思います。アルバイト代を貯めて中古バイクを購入したのですが、修理が必要でした。夢に関する困難は自らの手で解決したいと思い、わからないことだらけの中でも何とか直すことができ、友人と1000km超のロングツーリングに出発したのです。道中、河原でキャンプをしたり現地の人にご馳走になったりと、普段の生活では得られない多くの刺激を受けました。夢に向けてチャレンジする姿勢を学び、自分の力で夢を叶える喜びや達成感を味わうことができました。

GOOD 話の起承転結を意識しており、内容が伝わりやすい。また魅力的な経験に加えて、困難を乗り越える力もアピールしている

Q3 あなたの美と健康へのこだわりをアピールしてください

A 私は大学入学後にメイクをし始めましたが、肌への負担を考慮し、化粧品はなるべく添加物の少ないものを選んでいます。「美肌○○○」などのサイトで調べたりして、ミネラル系の化粧品を使用することが多いです。ヘアケア面では、気になっていたくせ毛をサロンで縮毛矯正したり、トリートメントはミルク系とオイル系とを使い分けたりと、清潔感を大切にしています。また、食べた物がお肌の調子を左右すると考えており、野菜や肉・魚類、炭水化物をバランスよく摂るように心がけています。

GOOD 実体験に基づいた具体的なエピソードがあるのがよい

改善 内容を肌ケアとヘアケアに分けて構成を整理しよう

建設・土木

どんな業種？

ゼネコン（総合建設会社）が手がける工事は、道路や橋などをつくる土木事業とビル・マンションなどを建設する建築事業に大別されます。東日本大震災の復興工事や東京オリ・パラ関連の需要が好況を牽引してきましたが、いずれも終息へ。職人の高齢化や働き方改革、新型コロナウイルス感染予防を背景に、施工現場の無人化や建設機械の遠隔操作など、生産性向上に向けた技術投資が今後の焦点になります。

攻略＆アピールポイント

現場は複数の下請企業が関わることが多く、調整力や統率力、管理能力が必要です。ただ熟練の職人がいる場合は下手にリーダーシップを発揮するよりも、年上の意見を聞く素直さや礼儀正しさのある縁の下の力持ちタイプが求められます。

Q1 〉建設業に興味を持った理由を教えてください

A 人々の暮らしを根底から支えること、竣工という目標に向けて多くの人が動くことに魅力を感じたからです。東日本大震災後の宮城県へ行く機会が2回あり、2度目には瓦礫がなく防波堤ができているのを見て、建設業の与える影響やスケールの大きさを実感しました。また、高校3年まで8年間続けてきた軟式野球では、切磋琢磨しながら目標を達成したときに楽しさとやりがいを味わいました。これらの経験から、竣工という目標に向けてオーダーメイドの建設物を多くの関係者とつくり上げる一体感に魅力を感じ、建設業を志望します。

GOOD 事業規模の大きさや関係者の多さなど業界の特徴を押さえている。また、実体験をもとに志望理由を伝えているため説得力がある

業界の傾向

建設・土木ともに国内受注は減少傾向にあり、不動産開発や海外事業に手を伸ばす動きが目立つ。海外で需要のある国の多くは情勢が不安定なため、これまで以上に状況変化の把握が大事だ。

Q2 住まいづくりの仕事にとって何が一番重要だと思いますか？

A 最も重要だと思うのは「常にお客様目線であり続けること」です。家を建てるとなれば立地や間取り、金銭面、建てた後のメンテナンスといった問題が出てきますが、そのすべてにおいてお客様が起点となる営業が求められると考えます。ただし、お客様に喜んでほしいあまり、独りよがりな提案になってはいけません。商品の魅力を説明するよりも、お客様のニーズをくみ取ることが真のお客様目線のスタートだと考えます。また、御社の営業はアフターサービスにも力を入れ、購入後もお客様目線に立ち続けていると感じました。

GOOD 住まいづくりの業務内容を押さえ適切に自身の考えを述べている。また、企業の特徴も絡めることで志望度もアピールしている

Q3 いままでに「覚悟と粘り強さをもって成し遂げたこと」を具体的に教えてください

A アルバイト先のカフェでの経験です。あまり社交的でなかった私は､初対面の人を相手にすることに抵抗がありました。しかし、環境を変えることで自分を変えたいと考え、カフェでのアルバイトを始めました。不機嫌なお客様に怒鳴られて落胆することも多々ありましたが、決して挫けず、忍耐力をもって業務に励みました。その結果、現在は時間帯責任者を任され、多くのお客様と接することで社交性も身につきました。この経験が御社での施工管理職として、仕事をまっとうすることに役立つと思います。

GOOD 実体験に基づいた具体的なエピソードがあるのがよい

改善 実体験の中で挫けずに粘り強く行動できた理由を加えると、なおよい

エネルギー

どんな業種？

電力小売の自由化は5年以上前、その1年後に都市ガスは完全自由化されました。自由化の結果、新電力には電力系やガス系のほか通信系、商社系企業からの参入が相次ぎ、販売競争の激化が続いています。脱炭素の流れが進む中、石炭火力発電の新設はきわめて困難です。再生エネルギー導入が加速するのか、それとも原発再稼働へ傾くのか、国のエネルギー政策によって今後の動向は大きく異なってきます。

攻略＆アピールポイント

社会のインフラを担う分野だけに、幅広い視野と長期的展望を持つことが求められます。脱炭素や原発事故に関連した質問は出る可能性が高いので、自分の向き合い方を整理しておきましょう。あえて疑問を呈する勇気も必要です。

Q1 〉この業界で当社が果たすべき使命や達成すべき課題について、考えを聞かせてください

A 御社の今後の課題として、「経験を多く積んだ技術者が減少していく中でも、電力の安定供給を維持し続けなければならない」ことが挙げられます。この課題解決のためには、既存設備のさらなる改良や効率的な維持管理システムの確立に加え、若い世代に技術を確実に継承していくことが求められます。そのために、ドローンや画像伝送技術を用いた維持管理方法の推進やIoTの導入による、効率的な維持管理システムの確立が必要だと考えます。これにより、技術者が減少しても質の高いサービスを維持していけると考えます。

GOOD 課題に対して具体的な施策を提案しており、企業への熱意が伝わる

改善 志望会社が果たすべき使命についてもう少し説明を追加しよう

業界の傾向

コロナ禍による経済停滞は、工場やオフィスといった大口需要を直撃。それでも業界大手企業は経営破綻を危惧する気配がなく、コストカットなど小手先の戦術に頼りがち。海外展開など、コロナ後の新しい試みが期待される。

Q2 〉LPガスが日本国内でもっと普及するには何をすればよいか、お答えください

A 日本は地震、津波、台風など多くの自然災害がありますが、LPガスは個別供給ができるため、都市ガスに比べ災害からの復旧が早い点が特徴です。もう1つの特徴である、二酸化炭素の排出量が少なく環境にやさしい点を含め、それらを知らない方もいらっしゃると思います。LPガスの特徴を多くの方に知っていただくために、家庭で使われる身近なエネルギーファームを開発している企業と共同イベントを開催することにより、暮らしの中でLPガスがどう使われているかを知っていただける契機となり、普及につながると思います。

GOOD 2つの面からLPガスの特徴を伝えており説得力がある

改善 結論から述べよう。ガスの特徴だけでなく業界の課題にも触れよう

Q3 〉あなたが一番よいと思う発電方法は何ですか？

A 原発事故やSDGsを踏まえると、他の発電方法と比べて環境を破壊する恐れも近隣住民への危険性もないことから、風力発電に注目しています。ただし、風力発電だけで現在の国内電力をすべてまかなえるとは考えていません。まずは各種発電方法をミックスしながら、さらに蓄電技術などさまざまな可能性を探り、冒頭の課題を解消するために風力発電を継続することが重要だと考えます。バードストライクや電力の安定供給など解決すべき課題は残りますが、常に風が吹くなど条件に適した場所では積極的に導入するべきだと思います。

GOOD 環境、技術などさまざまな面から意見を述べているため説得力がある

改善 より論理的な回答にすべく「一番よい」の定義を示そう

面接官によるバーチャル座談会

Aさん…入社21年、人事担当一筋のベテラン
Bさん…入社14年目で4年前から人事担当
Cさん…入社8年目の人事担当の社員

コロナ禍を経て、就活に変化は？

A：学生さんはいろいろ不安もあったと思いますが、基本的には変わらないと感じますね。

C：変わったのは、むしろ採用する側のほうではないでしょうか。オンラインを駆使した採用方法がずいぶん定着してきました。

B：最近は就活本や就活サイトでしっかり予習されるから（笑）、レベルが高い半面、均質性は否定できませんよね。

A：確かに似たような答えは多いです。皆さんリーダーシップを発揮され、課題を解決された。頼もしい限りです（笑）。

B：「マイナスなことは言わない」という指導なのか、成功体験が多いですよね。私は挫折や失敗談でもいいと思います。要は、そこから何を学んだのかが重要であって……。

C：あと、好印象を与えようとしてか、身振り手振りが大袈裟な方も増えた気がします。

A：元気なのはいいのだけれども、もう少しトーンを落としたほうが聞きやすいし、落ち着いた印象を受けるのですが……。

B：グループディスカッションで他の学生にマウントをとる。これは完全にアウトです。

採用の決め手は何か？

A：私は最終的に「この人となら一緒に働きたい、働ける」と思えるかどうか。ここがポイントになりますね。

B&C：（2人とも同意）

B：あとは熱意もさることながら、借り物ではない自分の言葉で伝えられる人かな。どこかで聞いたことのある答えはすぐにバレます。

C：私は等身大の方です。自分を必要以上に大きく見せない誠実な方といいますか……。

A：自分をアピールするのは大事ですが、何事も程度によるということですかね。

付録

職種別
回答ポイント

それぞれの職種の特徴を押さえつつ、
希望部署へのアピール方法を学ぼう。
また、せっかくのアピールも無駄にしかねない、
若者言葉の注意点についても紹介！
ポイントを押さえて内定に近づこう。

営業

この仕事の特徴

基本は自社の製品やサービスを提案し、購入してもらうことで会社の売り上げを伸ばし、利益を上げることです。また、顧客の課題を一緒に考え、解決策を提案したりします。そのために市場分析や自社以外の製品やサービスを情報として提供する、コンサルタント的な部分も。すでに取引のある企業・個人に赴くルート営業のほかに新規開拓があり、どのような企業・個人に出向いてどうアプローチをかけるか、事前のリサーチや企画提案が欠かせない場合もあります。

アピールポイント

交渉する中で、相手のニーズを的確にくみ取るコミュニケーション力は必須です。その際、初対面の人とも臆せずに話ができる性格は営業に適していますが、聞き上手な人のほうが結果につながりやすく、信頼度も高まると言えます。

この仕事のやりがい

- **自分の頑張りが「数字」として表れる**
- **自分自身が商品購入の理由になる**
- **成果が数字で見えるため、評価基準がはっきりしている**

✕この仕事に向いていない人の特徴

- 人と接するのが苦手
- 時間にルーズ
- 悲観的で落ち込みやすい
- 身だしなみに無頓着
- 空気を読まない
- プライドが高すぎる

志望動機例

●営業向きの人間であることを前面に押し出す

私が営業の仕事を志望しているのは、さまざまな能力を求められている職業だと思うからです。人と話をするのが好きで、知識欲も旺盛、さらには柔道部に所属していたため体力にも自信があります。そこで自分は営業向きだと感じ、志望しました。営業では自社製品・サービスを熟知していることはもちろんですが、それをわかりやすく丁寧に伝え、何か要望や疑問があれば誠実に対応することが大事です。私にはその素養が揃っていると感じております。

●「希望職種でなくとも」と言いつつアピール

お客様から高い信頼を得ている御社の営業職は、私にとって大変魅力的だと感じております。御社では総合職でのみ営業職に就けると伺いましたので、私は総合職を希望します。もちろん御社に入れたからといって、いきなり希望の職種に就けるわけではないことは重々承知しております。しかし、そこは自分の持ち味である自慢の笑顔と明るさとで乗り切り、いずれ希望職種に就けるように努力したいと思っております。

●学生時代に取得した能力をアピールする

私は学生時代にTOEIC780というスコアを取得し、海外で一人旅をしたこともあります。御社のような天然ガスを扱う会社では、新たなガス田開発に着手するほか、産出国と良好な関係を保ちながら契約や交渉を進めることが重要になってきます。そこで必要になってくるのが、英語だと考えます。私は学生時代に培った英語でのコミュニケーション力を活かし、御社の海外向け営業部門で活躍できればと思っております。

企画・マーケティング

この仕事の特徴

2つの職種は同じ仕事のように思われますが、少し異なります。ただし密接に関連しており、企画は基本的に新しい商品やサービスを開発する仕事で、マーケティングはそれを世に流通させ、購入につなげる仕組みをつくる仕事です。また、企画ではアイディア出しが先行し、試行錯誤しながら具現化するのに対して、マーケティングは常にニーズやトレンドを分析し、競合他社の動向や自社のポジションを踏まえて、戦略的に開発の方向性や価格などを練り上げていきます。

アピールポイント

顧客の立場、視点に立って、新しい商品やサービスを生み出すには観察力や発想力、粘り強さが求められます。マーケティングは情報収集力や分析・解析力はもちろんですが、他部署との調整も多いのでコミュニケーション力も欠かせません。

この仕事のやりがい

- 売り上げを左右するので、大きな達成感が味わえる
- 開発した商品やサービスが世に広まる喜び
- 戦略的アプローチが身につき、ビジネスパーソンとして成長

✕この仕事に向いていない人の特徴

- 論理的に考えるのが苦手
- 数字やデータ分析に関心がない
- 変化のないことを好む
- 諦めが早い
- 情報収集やトレンドに興味がない

志望動機例

● 企業研究の成果を話の中に織り込む

私は企画部を第1希望としています。それは御社の企画力が、コンテンツ業界の中でも際立っていると感じているからです。私は近年、急速な勢いで普及しているコンテンツ産業に興味を持っていますが、特に目を引いたのが、若手社員でも企画が通ればヒットコンテンツを手がけることができるという点です。その中でも御社は特に攻めの姿勢を大事にしており、御社で自分の企画力を試してみたいと考えております。

● 業界や業種に対する "夢" を添えて話す

私の夢は、自分で考えた都市開発や建築物を実際に形にして、社会の役に立つことです。昔から街並みや建築物を見るのが好きで、「いつかこんな建物や都市をつくりたい」と思っていました。就職するなら、つくる側に立って建築の世界に携わりたいと思い、御社の企画部を志望しました。将来は、単に注文を受けて設計・施工するだけでなく、自分で考案した都市開発事業をプロデュースすることによって、御社に貢献したいと考えております。

● 自分の持ち味を、仕事に結びつけてアピール

私は、大学のゼミで全国各地のまちづくり事業を調査・分析し、そこからマーケティングの面白さや重要性を学び、卒業後はこういった仕事がしたいと思いました。御社の企画部を志望したのは、商品開発のために調査マーケティングやセールスプロモーションに力を入れていると伺ったからです。自分の持ち味でもあるコツコツ取り組むことが好きな性格を武器に、御社のお役に立てればと思っております。

事務・経理

この仕事の特徴

会社・組織によっては、事務職が経理や総務を兼務している場合も多々あります。一般事務の場合、電話や来客の応対、書類作成、ファイリング、備品・郵便物の管理などの雑務全般をこなしながら、会社の印象を左右するフロント的な役目も担っています。経理業務を兼ねる場合は当然、お金＝数字を扱います。成果がはっきり見える営業のような華やかさはありませんが、会社・組織が円滑に回る上で、幅広く補助的な仕事をこなす事務職は欠かせない存在です。

アピールポイント

“会社の顔”的な役割がある以上、礼儀正しく一般常識があり、縁の下の力持ちタイプを自任できる人が適しています。また書類作成が多いため、PCスキルは必須です。経理の資格としては最低でも日商簿記3級を取得するといいでしょう。

この仕事のやりがい

- 補助業務といえどもさまざまな部署の人の役に立ち、感謝される
- 自分の応対によって会社の印象が左右される
- PC スキルが上達し、簿記などの専門性も磨ける

✕この仕事に向いていない人の特徴

- デスクワークが苦手
- 大雑把で落ち着きがない
- 規則やルールが守れない
- 数字に弱い
- 一人でコツコツ作業するのが嫌い

志望動機例

● 資格取得の成果を伝える

私は細かい作業を行うのが苦にならず、特に計算をするのが得意です。その特性を発揮し、大学ではゼミや部活でおもに経理関係の仕事をしてきました。大学3年のときに日商簿記2級を取得しましたが、今後はそうした自身の特性や資格を活かして、御社で経理関係の業務を行いたいと思っております。また、将来的には公認会計士や税理士といった資格取得を念頭に置きつつ、前向きに仕事をこなしていきたいと考えています。

● 自身をアピール

私はパソコン作業を得意としており、パソコン技術を少しでも伸ばしたいと思い、大学では部活動のホームページも作成していました。事務職ではワードやエクセルの知識も活かせますし、ホームページ作成などを任された暁には、自分の積んできた経験を思う存分発揮できるのではないかと思っております。御社で事務の仕事をしながら、さらにスキルを伸ばし、御社にとって必要な人材となれるように努力いたします。

● 体験談を志望動機とつなげる

私は体調の悪い母に付き添って、よく病院に行っておりました。その際、病院の医師や看護師、職員の方と接する機会が多かったのですが、命と真摯に向き合う姿に惹かれ、いつしか医療現場で働きたいと思うようになりました。ただ理数系が苦手なために医師や看護師は諦め、事務職に就くために、大学3年で医療事務の資格を取得しました。医療の業界で働くにあたって、私は患者の方が安心して来院できるように努力したいと思っております。

技術・開発

この仕事の特徴

大学の研究室と異なるのは、納期が設定されることです。まず新技術・新製品の方向性や理論的裏付けを提案します。次に、その計画を製品化するにあたって、工場ラインにのせる設計を行います。さらに、設計された新技術や新製品が基準をクリアできるかどうかを試験、評価します。そして、これらを決められた納期までに仕上げるプロジェクト管理業務があります。専門職のイメージが強いものの、マネジメントを通して職能を広げ、管理職を目指す人もいます。

アピールポイント

「新技術・製品を自分の手で開発する」といった強い信念があり、地道な作業をコツコツと続けられる、努力できる人が向いています。また、諦めずに何度も挑戦するガッツもポイントに。プロジェクトで進めるため、協調性や交渉力も大事です。

この仕事のやりがい

- **自分の考えた新技術・製品で社会に貢献できる**
- **製品や技術の専門知識が深まる**
- **スキルアップして新しい価値をつくり出す**

✕この仕事に向いていない人の特徴

- 残業や休日出勤はしたくない
- 面倒くさがり屋
- プレッシャーや失敗に弱い
- 論理的に考える習慣がない
- 唯我独尊的な考えや態度をしがち

志望動機例

● 大学で学んだ経験を志望動機につなげる

私は工学部に在籍しており、これまで学んだことを活かすためにシステムエンジニアを目指しております。趣味でゲームのプログラミングもしており、ソフト開発の経験から、システムエンジニアはやりがいが感じられる仕事であると実感しました。御社では時流に合わせた効率的なシステムを構築していますが、私も開発チームの一員に加わり、大きなシステムの開発・完成に携わりたいと考えております。

● 協調性をアピール

私が技術職に興味を抱いたのは、大学でのゼミ活動がきっかけです。リサーチ力や注意力、さらに技術職に求められる緻密で、かつ最後までやり遂げる根気や忍耐力は、ゼミを通して私に備わっていると確信したからです。ゼミでは、仲間と一緒に効率的なシステムの開発作業をしてきましたが、御社でもチームワークを大切に、一丸となって、1つの目標へ向かっていきたいと思っております。

● 商品と専門技術とを関連づけて説得

御社は食品技術で優れた業績を挙げていらっしゃいます。また、消費者の評価も高いものがあります。私の専攻は生物工学ですが、この分野の技術は医薬品関係の企業だけに用いられるものではないと、私は考えています。将来、生物工学の技術を応用することによって、マヨネーズやソースなど調味料の分野で高品質の商品が開発され、消費者の方々にも受け入れられるのではないかと思います。

講師・インストラクター

この仕事の特徴

スポーツや音楽、OA機器、習い事といった分野で、技術などさまざまな指導をする仕事です。両者の違いは呼び方が異なるだけの、ほぼ同じ内容ですが、企業によってはインストラクターが雇用契約を結ぶのに対して、講師とは委任契約で雇用関係がないこともあります。塾や予備校の講師は、あくまでも受験や成績アップのためのテクニックを教えるのが目的のため、先生ではなく講師と呼ばれます。

アピールポイント

教える分野での経験やスキルはあったほうがいいですが、仮に自信がなくとも、初心者の気持ちやミスしやすい箇所を知っているゆえ、わかりやすいレッスンを提供できる可能性があります。またトーク力や効果を出すための創意工夫も必要です。

この仕事のやりがい

- 授業を通じて受講者の理解や技術の習得が促される
- 受講者、または保護者・家族から感謝される
- 最新情報や知識の積み増しが可能

✕この仕事に向いていない人の特徴

- 誰かの役に立つ気がない
- 向上心がない
- コミュニケーションが苦手
- 愛想が悪い
- 人と関わったり、人に教えるのが嫌い
- 声が小さくモゴモゴした話し方

志望動機例

● 自分自身の体験から志望理由を述べる

私は英会話スクールに入校したのをきっかけに、講師という仕事に興味を持ち始めました。「将来、何かしらの役に立つのではないか」という漠然とした気持ちでスクールに入りましたが、講師の方のフランクで、なおかつわかりやすい説明がとても印象に残り、お陰で英会話が上達し、TOEICも780点を突破することができました。これから英語が必要になってくる人が増えるかと思いますが、そのサポート役を私もやってみたいと思い、御社の講師職を志望しました。

● 仕事で得られる喜びを明確に語る

私は月に2回ほど、近所のお年寄りの方々に、ボランティアでパソコンのインストラクターをしております。そこで、年が離れた方々とのコミュニケーションを通じて新たな知識や教養を身につけたり、あるいは自分の生活上の悩みにアドバイスをいただくこともありました。また、お年寄りの方々から「ありがとう」と言っていただき、その感謝の言葉に喜びを覚え、こういった仕事をしたいと思い、御社を志望しました。

● 将来的にやってみたいことも述べる

私は塾のアルバイトを続けてきましたが、教えることの難しさを感じるとともに、上手く教えられたときの喜びや充実感も覚えました。そういった経験を就職後も活かしてみたいと思い、御社を志望しました。また現場での体験を通じ、将来は男性向けの料理講座を企画したいと考えております。現在、共働き世帯が増えており、料理好き男性のほか、必要に迫られて料理しなければならない男性もいるので、人気が出るのではないかと考えております。

接客・販売

この仕事の特徴

接客と販売とは、似たような仕事のイメージを持たれていますが、求められることが違います。前者は「お客様満足の向上」が目的で、お客様と会話をしながら居心地の良さやサービスを提供します。後者は「モノを売ること」が目的ゆえ、お客様との会話もニーズを聞き出しながら商品情報を提供することがメインになります。どちらにしても、お客様に商品やお店、会社のファンになってもらい、リピーターになってもらうのが最終目標です。

アピールポイント

人と接することが好きで、会話能力が高いことは言うまでもありません。また、さまざまなタイプのお客様に対して、臨機応変な受け答えができれば即戦力として期待されるでしょう。さらに提案力があれば、お客様の信頼も高まります。

この仕事のやりがい

- 売り上げに結びつき、売上目標を達成する
- お客様に直接、評価される
- 会話力が上達する

✕この仕事に向いていない人の特徴

- 人の話を聞くのが苦手
- 数字を気にしない
- 身だしなみに無頓着
- 立ち仕事に自信がない
- ふてくされた態度やだらしない受け答えをする

志望動機例

● 自分の資質を職種の特性と重ねる

私は人と接するのが大好きで、かつ喜ばせるのが生きがいにもなっています。私は御社の商品を定期的に購入、使用しておりますが、御社の販売部門を志望したのは、そういった商品の良さを体感したエピソードなどを交えて、お客様に説明できると思ったからです。お客様のお話を聞き、それを参考に、さらに上質の商品を紹介したいと思っているので、将来は企画の分野にも関わりたいと考えております。

● 感動した体験から志望動機を導き出す

私が御社のホテルの接客係を希望するのは、大学2年の夏、実際に御社のホテルを家族旅行で利用させていただいたことがきっかけです。従業員の方々の手厚いおもてなしの数々に感動しました。中でも、不慣れな土地の案内も丁寧に行ってくださったことが忘れられません。もともと私は接客業に関心を持っていましたが、この体験を機に「ホテルでの接客」というものが、将来の仕事の選択肢として浮かび上がるようになりました。

● 自分の成長を志望動機に結びつける

全国各地にある御社のお店には、子どもからお年寄りまで、幅広い年代の方々が来店されます。世代も個性も多様なお客様との一期一会のコミュニケーションを通じて、幅広い情報交換ができ、それにより自分がいままで以上に成長できると考えております。私は御社において、お客様に対して最高のおもてなしができる販売スタッフを目指していきたいと思っております。その心構えだけは持っているつもりです。

就職活動で役立つ 若者言葉の言い換え 辞書

友人との会話言葉をそのまま使うと、一般社会では失礼にあたることがある。正しい言葉づかいを知って、面接に役立てよう。

覚えておきたい敬語の基本

● 尊敬語

目上、もしくは立場が上の相手に使う。動詞に「お」「ご」をつけたり、言葉そのものを変える。

例
行く ➡ いらっしゃる
見る ➡ ご覧になる

● 謙譲語

相手よりも自分がへりくだることで敬意を示す。動詞に「お」「ご」をつけたり、言葉そのものを変えるのは尊敬語と同じ。

例
行く ➡ 伺う
見る ➡ 拝見する

● 丁寧語

語尾に「です」「ます」「ございます」を用いる、日常生活でよく使用する敬語。社会人の言葉づかいとしては基本中の基本。

気をつけたい言葉づかい

「ら」抜き言葉

「考えれない」「見れない」などの「ら」抜き言葉は避ける。

語尾を上げる・伸ばす

語尾を不自然に上げたり伸ばすのは、幼稚な印象を与える。

一人称が雑な表現

面接では「私（わたくし）」がベスト。できれば「自分」も避けたい。

聞きづらい口癖

「えっとですね」などの口癖は、疑似面接を繰り返して直しておきたい。

敬語のてんこ盛り

無駄に敬語を重ねる「二重敬語」は誤った言葉づかいなので注意を。

例
おっしゃられる ➡ おっしゃる
拝見させていただきました ➡ 拝見しました or 拝見いたしました

面接で避けるべき表現

× 後で　>>>　○ のちほど

例

後でお話ししようと思っていましたが、

のちほどお話をしようと思っていましたが、

× ちょっと　>>>　○ 少し

例

ちょっとお話ししてもよろしいでしょうか？

少しお話ししてもよろしいでしょうか？

× ～みたいな　>>>　○ ～のような

例

御社みたいな力のある会社で頑張りたいです。

御社のような力のある会社で頑張りたいです。

× 正直　>>>　○ 実を申しますと

例

正直、その件については知りませんでした。

実を申しますと、その件については知りませんでした。

× すいませんが　>>>　○ 恐れ入りますが

例

すいませんが、御社の福利厚生について教えていただけますか？

恐れ入りますが、御社の福利厚生について教えていただけますか？

× 全然大丈夫です　>>>　○ 問題はございません

例

営業職でも、全然大丈夫です。

営業職でも、問題はございません。

× わかりました　>>>　○ 承知（いた）しました

例

わかりました。明日またお伺いします。

承知（いた）しました。明日またお伺いします。

× 微妙です　>>>　○ 断定はできません

例

その事実が正しいかと言われますと、微妙です。

その事実が正しいかと言われますと、断定はできません。

〈STAFF〉
構成・編集　：スタジオダンク
執筆　：スキーマ（熊谷智美）
高石洋子
カバーデザイン　：ウエイド（土屋裕子）
本文デザイン・DTP　：徳本育民
五十嵐由喜子
イラスト　：KAZMOIS
校正　：麦秋アートセンター

2026年度版　大事なとこだけ！　面接・エントリーシート

2024年2月10日　第1刷発行

発行者　永岡純一
発行所　株式会社永岡書店
〒176-8518　東京都練馬区豊玉上1-7-14
03-3992-5155（代表）
03-3992-7191（編集）
製版　センターメディア
印刷　誠宏印刷
製本　ヤマナカ製本

ISBN978-4-522-46024-5 C2000